国学句典中的领导智慧

管遵华　毛新玲 / 编著

济南出版社

图书在版编目（CIP）数据
国学句典中的领导智慧 / 管遵华，毛新玲编著 . 济南：济南出版社，2024. 6. -- ISBN 978-7-5488-6588-9
Ⅰ . K203
中国国家版本馆 CIP 数据核字第 2024RP9383 号

国学句典中的领导智慧
GUOXUE JUDIAN ZHONG DE LINGDAO ZHIHUI
管遵华　毛新玲　编著

出 版 人　谢金岭
责任编辑　丁洪玉　陈玉凤
装帧设计　纪宪丰

出版发行　济南出版社
地　　址　山东省济南市二环南路 1 号（250002）
总 编 室　0531-86131715
印　　刷　济南乾丰云印刷科技有限公司
版　　次　2024 年 7 月第 1 版
印　　次　2024 年 7 月第 1 次印刷
开　　本　148mm × 210mm　1/32
印　　张　7.25
字　　数　126 千字
书　　号　978-7-5488-6588-9
定　　价　39.80 元

如有印装质量问题　请与出版社出版部联系调换
电话：0531-86131716

守正创新，推动中华优秀传统文化实现创造性转化创新性发展

王　成

读史可以明智，鉴往才能知来。习近平总书记指出："治理国家和社会，今天遇到的很多事情都可以在历史上找到影子，历史上发生过的很多事情也都可以作为今天的镜鉴。中国的今天是从中国的昨天和前天发展而来的。要治理好今天的中国，需要对我国历史和传统文化有深入了解，也需要对我国古代治国理政的探索和智慧进行积极总结。"① 中华优秀传统文化是治

① 2014 年10 月13 日，习近平总书记在中共中央政治局第十八次集体学习时的讲话。

国理政的思想来源，蕴含着中国共产党人治国理政的丰富的思想文化资源。

但是，中华优秀传统文化浩若烟海、博大精深，有时难免会让人产生老虎吃天、无处下口的感觉，如何有效学习、掌握和运用，是摆在各级领导干部面前的艰巨任务。管遵华老师作为一名基层党校老师，认真学习习近平总书记关于中华优秀传统文化的重要论述、习近平文化思想等，阅读大量传统文化经典，为党员干部以及热爱传统文化的读者梳理出八项智慧，即天人合一的智慧、与时偕行的智慧、厚德载物的智慧、以民为本的智慧、秉公用权的智慧、见利思义的智慧、学以致用的智慧、终身学习的智慧。每一章都选取传统文化中那些耳熟能详、引人深思的经典语句，进行梳理、创造、转化，给人启迪，予人智慧。这八项智慧相对独立，又有机统一，章与章之间相互促进，相得益彰。应该说，管遵华老师做这项学术研究很辛苦，但是很有意义，《国学句典中的领导智慧》一书，为党员干部学习中华优秀传统文化提供了一个可行的路径和有力的抓手。

管遵华老师的可贵之处还在于，她把弘扬中华优秀传统文化视为光荣的使命，并自觉扛起了这一重任，这是职责，更是担当，传统文化知行合一的精神在她身上得到了很好的体现。俗话说，众人拾柴火焰高，让我们大家一起来学习、弘扬、践行中华优秀传统文化中那些美好的思想和智慧，并将其与中国式现代化更好结合、更好融合，推动中华优秀传统文化实现创造性转化创新性发展。

是为序。

2023 年 12 月 1 日

（作者系山东大学政治与公共管理学院教授、博士生导师，山东省孟子文化研究会会长）

目　录

第一章　道法自然　万物一体

——天人合一的智慧

在中国古代,“天”具有自然、本体、规律、伦理、道德等多种含义，甚至带有“至上神”的意味，但其最基本的内涵，还是指人类生长于其中的自然界。

在道家那里，自然的范畴是天地或万物，人与自然的关系就是天人关系，天人之间不是主宰与被主宰的关系，人与自然是同大的。道家在论述“人”与“天”的关系时，强调人的主体性和自然规律的客观性，追求“天地与我共生，万物与我为一”① 的“天人合一”的

① 《庄子·天地》。

精神境界。与中国文化“天人和谐”的思想相比，西方文化主张主客二分，在人与自然的关系上，西方文化一开始就表现出控制与征服自然的强烈欲望。罗马尼亚哲学家古利安说：“原始人同时既认识自然，又藐视自然，既掌握着自然，又处于自然的控制下。”自然只是一个供人类征服和索取的对象，特别是近代以来，发轫于西方的现代科学技术和工业革命，逐步向全球推进，人类向自然开战，已经造成了十分严重的生态环境问题。1972 年，英国著名历史学家汤因比与日本学者池田大作两度聚首伦敦，对当代人类面临的问题进行了深入交谈。其交谈记录分别以英文和日文出版，英文版的题目是《选择生命》（*Choose Life*），日文版的题目是《面向 21 世纪的对话》。在书中，汤因比和池田大作明确指出：“人类如果想使自然正常地存续下去，自身也要在必需的自然环境中生存下去的话，归根结底必须得和自然共存。”① 在汤因比和池田大作看来，科学的应用应该使人类和自然的节奏协调，使其有规律的活动最大限度地发挥效用。这就把科学技术纳入了

① 汤因比、池田大作：《展望二十一世纪》，国际文化出版社，1985，第 40 页。

“天人和谐”的体系，高扬了人类与自然共生共存和谐发展的理念。

在生态危机、环境恶化的当下，重温中华优秀传统文化中“道法自然”“天人合一”的自然观，将为人类推进生态文明建设产生重要作用和影响。

唯天为大，唯尧则之

典出《论语·泰伯篇》第八。子曰：“大哉尧①之为君也！巍巍乎！唯天为大，唯尧则②之。荡荡乎③，民无能名焉。巍巍乎其有成功也，焕乎其有文章④！”

意思是说，孔子说：“尧作为一个君主，真伟大啊！多么崇高啊！只有天最高最大，只有尧才能效法天的高大。他的恩泽多么广大啊，百姓们真不知道该怎么称赞他才好。他的功绩实在太崇高了，他制定的礼仪制度也真是太光辉夺目了！”

此话是孔子对尧的盛赞，用这样至高无上的词语赞美一个人，其后未曾有过，唯尧而已。孔子认为尧是历史上做得最为成功的君主，他顺应天意，体察民情，得到人民的衷心爱戴。他所建立的功业与典章制度，如高山一样巍峨，如日月一般光辉灿烂！

---

① 尧：帝尧，远古部落联盟的首领。
② 则：效法。
③ 荡荡乎：宽广无边啊。
④ 文章：指礼仪制度。

孔子盛赞尧的本意是希望为政者遵从上天的意志，效法上天的规律，从而设计出有利于社会运行的典章制度。孔子曾说“天何言哉，四时行焉，百物生焉”，这里的“天”即为自然界最高的运行法则，也就是人们常说的“天道”。在我们的传统政治伦理中，君主与人民都不是最高的意志，上天才是最高的意志。比如，成语“秋后问斩”，犯人要被杀头，无论他如何罪该万死，无论当政者意愿如何，都要等到秋后午时，才可问斩。一年有四个季节，为什么非要选择“秋后”这个时间呢？这样严格的规定，与“秋分”这个节气有很大关系，春夏是万物滋育生长的季节，秋冬是肃杀蛰藏的季节，古人认为，这是宇宙的秩序和法则，人间的司法也应当适应天意，顺乎四时。“秋冬行刑”的司法制度就是效法上天的自然规律。

此处所说之“天”，乃是天道、大道、自然规律的意思。过去，上天承载万物无虞的时候，为政者主要考虑的对象是民生，只有为政者罔顾民生时，人们才会拿出“天道”来批评统治者。当下，我们在为民生着想的同时，还要保护好我们赖以生存的地球和环境，此顺乎天道，更合乎民意。因此，古人顺应自然、尊重自然法则的思想，于今依然有深刻的启迪意义！

人法地，地法天，天法道，道法自然

典出老子的《道德经·第二十五章》。有物混成①，先天地生。寂兮寥兮，独立而不改，周行而不殆，可以为天地母。吾不知其名，强字之曰道，强为之名曰大。大曰逝，逝曰远，远曰反②。故道大，天大，地大，人亦大。域中③有四大，而人居其一焉。人法地，地法天，天法道，道法自然。

意思是说，有一个东西浑然而成，在天地形成以前就已经存在。听不到它的声音，也看不见它的形体。它寂静而空虚，不依靠任何外力而独立长存永不停息，循环运行而永不衰竭，可以作为万物的根本。我不知道它的名字，所以勉强把它叫作“道”，再勉强给它起个名字叫作“大”。它广大无边而运行不息，运行不息而伸展遥远，伸展遥远而又返回本原。所以说道大、天大、

① 物：指“道”。混成：浑然而成，指浑朴的状态。

② 反：一本作“返”。意为返回到原点，返回到原状。

③ 域中：空间之中，宇宙之间。

地大、人也大。宇宙间有四大，人居其一。人取法地，地取法天，天取法道，而道取法自然。

“道”，是中国传统文化的精髓。“道”，不可名，不可说，是超物质的先验存在，这个存在是眼睛看不见耳朵听不见，又不以人的意志为转移的寂静空虚的存在，无所不至，运行不息。“道”是宇宙万物之本，是天地万物的根源和基础，是万事万物运行的规律和法则，是人们的行为准则。古代中国是传统的农耕社会，千百年来，农人种地植桑，依循天地寒来暑往、春耕秋收的法则，日出而作，日落而息，这是对“人法地，地法天，天法道，道法自然”的最朴素的诠释。而操控日升月落、春生冬藏规律的就是这看不见摸不着的“道”，是亘古不变的自然规律。

老子认为，天地万物是以“道”为本原的有机体，“所以说道大、天大、地大、人也大”，宇宙间“四大”之中，人居其一，是天地之间最有灵性的动物。既然人是天地万物的一部分，那么人类对待自然的态度就应该是爱护自然、敬畏自然、遵守自然规律，否则就会受到大自然的惩罚。“道法自然”是道家价值观的核心，这一观念启示人们，在全球生态环境日益恶化的情况下，人类只有与自然建立起和谐共生的关系，才能实现人与自然的可持续发展。与此同时，人类在推进现代化的过程中，要注意对山林湖泽鸟兽虫鱼等的保护，要顺应自然规律，按自然规律办事。

天道有常，不为尧存，不为桀亡

典出《荀子·天论》。“天道①有常②：不为尧存，不为桀亡。”

意思是说，大自然的运行是有客观规律的，这个规律不会因为尧的圣明或者桀的暴虐而改变。

我们曾骄傲地说“天佑中华”，人类历史的长河中，上天大道，曾不止一次眷顾呵护中华民族。在漫长的历史长河中，中华民族确实创造了灿烂的文化，为世界各国所敬仰。在美国的一堂课上，有位教授搬来了一块砖，众人不解，一阵哄笑，可当他说出这是中国万里长城上的一块砖，它的历史比美国的历史还要长时，所有人都投来了赞许的目光。想当年，作为上天的“幸运儿”，中国无愧于世界文明古国的称号，曾长时间骄傲地屹立在世界民族之林。

然而鸦片战争以后，新中国成立之前，中国似乎成

① 道：规律。
② 常：经久不变。

了上天的“弃儿”，遭受了西方列强的侵略，文明古国任人欺凌，任人鱼肉，甚至几乎到了亡国灭种的境地。天不变，道亦不变。社会有识之士都为改变中国命运做出了探索和努力，中国才重新焕发出了强大的生机和活力。天道有常：不为尧存，不为桀亡，应之以治则吉，应之以乱则凶。当今世界风云变幻，面临百年未有之大变局，唯有顺天应民，保持定力，牢牢把握正确的方向，才能千锤百炼，立于不败之地。

天地与我并生，而万物与我为一

典出《庄子·齐物论》。“夫天下莫大于秋豪之末，而太山为小；莫寿乎殇子，而彭祖为夭。天地与我并生，而万物与我为一。”

意思是说，天下没有比秋天动物身上的细毛更大的物体，泰山相比之下是小的物体；人间没有比夭折的婴儿更长寿的人，彭祖相比之下是短命的（传说彭祖活了八百岁）。天地和我同生并存，而万物与我合而为一。

这句话阐释了庄子“齐物”的思想，蕴含着“天人合一”的理念。天地万物包括人，虽然看似千差万别，但归根结底都是齐为一体的，也就是“合一”“合道”的。王夫之在《庄子解》中说：“天，人也，人即天也；天，物也，物即天也。”天人相通，万物同根，生命同源。

关于“万物一体”的思想，哲学泰斗、北京大学著名学者张商英说：“我以为中国人讲的‘万物一体’

实即万物不同而一体相通。这个‘一体’不是抽象的概念，不是柏拉图的‘理念世界’，也不是黑格尔的‘绝对精神’或‘绝对理念’，而是天地万物相互联系、相互影响、相互作用（一句话，就是相通）的网络之整体，它不是超时间的超验的静态的整体，而是在时间之内，包括人生经验在内的不断流变的动态的整体。”“‘万物一体’乃万物之根本，人生之根本。只要把‘主体—客体’关系置于人与世界融合为一的‘万物一体’的指导之下，人就既能发挥自己的自由自主性，又能与人、与自然万物处于和谐、协调的所谓‘和而不同’的局面之下。”

这里所蕴含的“万物一体”的思想，具有重要的生态伦理价值，为人类重新思考人与自然的关系提供了借鉴。当前，人民群众对优美生态环境的需要非常迫切，“天地与我并生，而万物与我为一”，这种充满人文气息、悲悯万物的情怀能够让人们对自然产生亲近与敬畏，从而主动而自觉地承担人类义务，讲求生态伦理。

大人者，以天地万物为一体者也

典出明代王阳明的《大学问》。大人①者，以天地万物为一体者也，其视天下犹一家，中国犹一人焉。若夫间形骸②而分尔我者，小人矣。大人之能以天地万物为一体也，非意之也，其心之仁本若是，其与天地万物而为一也。岂惟大人，虽小人之心亦莫不然，彼顾自小之耳。

意思是说，大人，就是能将天地万物视为一体，把全世界视为一家人的人。如果做不到这点，非要分个彼此出来，那就还只是一个小人。什么是大人？大人能把天下看作是一家，不是他比别人更聪明，而是他内心深处本就具有的仁心，认为天下万物原本就是一体存在的。其实小人也有一颗仁爱之心，只是他们把它给弱化了。

要理解这句话，首先须明白什么是“大人”。在古

① 大人：指德行高尚、志趣高远的人。

② 形骸：指的是人的身体。

代，“大人”有三层意思：第一，指成年人，与幼儿相对应，这种用法现在还用；第二，是晚辈对长辈的尊称，比如说“父亲大人”“母亲大人”；第三，指有德望的人，如《论语》中的“君子有三畏，畏天命，畏大人，畏圣人之言”，《易经》中的“见龙在田，利见大人”，《史记》中的“沛公大人长者”等，指的是其德行而非官职。什么德行呢？用《周易》的解释就是，“与天地合其德，与日月合其明，与四时合其序，与鬼神合其吉凶，先天而天弗违，后天而奉天时”。显然，王阳明这里的“大人”指的是有德行的人，这样的“大人”，心怀悲悯之心，以天地万物为一体，这不仅是人所要追求的境界，也是人心的本体。

以“天地万物为一体”的思想是王阳明全部学问与精神境界的一个重要内容。据《王阳明年谱》记载，阳明晚年居越讲学，环座而听者常三百人，而阳明“只发《大学》万物同体之旨，使人各求本性、致极良知”。这说明直至晚年，“万物同体”仍然是他讲学的基本主旨之一。王阳明万物同体思想的重点是“博施济众”“仁民爱物”，也就是说，对儒家知识分子来说，如果入朝为官，万物一体要落实到“政”；如果不仕，则要落实到“道”与“学”。

万物一体，也就是要我们把天地万物看作自己，天地万物，你中有我，我中有你，须臾不可分离。苏东坡“有成竹在胸，方可画竹”，心中有丘壑松涛，方可将山水入画；杜甫“行万里路，阅千万人”，方能“凌云健笔意纵横”；恒河一粒沙，可映照万千大世界，亦是从微观到宏观对万事万物一体的摹写。由此，延伸到绿水青山就是金山银山，人类是自然界的一分子，自然界是人类生存延续的基础，自然之道又何尝不是人类之道？所谓“大人”，天地为胸怀，自然为我者罢了。和西方相比，中国古人更注重有机整体的宇宙观。当今世界已进入全球化时代，中华优秀传统文化中“以天地万物为一体”的情怀和思想，必将在此进程中得到生动的实践和体现。

民吾同胞，物吾与也

典出北宋张载的《西铭》。乾称父，坤称母，予兹藐①焉，乃混然中处。故天地之塞，吾其体；天地之帅，吾其性。民吾同胞，物②吾与③也。

意思是说，天地是人的父母，人是渺小的，和万物一样，共生于天地之间，天地之体便是人的身体，天地之性统率人的本性。人类和自然万物都是天地的子女，因此一切人皆是我们的同胞兄弟，一切物皆是我们的同伴，人应该爱一切人，爱一切物。

张载的“民吾同胞，物吾与也”的思想核心是把民众看作自己的同胞、把万物当作自己的同类，这里蕴含着他心系苍生、胸怀天下的博大情怀，也体现了古代先贤对人与自然关系的深层次思考。

怎样达到民胞物与的境界呢？张载认为首先要有

---

① 藐：弱小，多指幼儿。

② 物：万物，此处指人类以外的生物。

③ 与：同类。

一颗“大心”，“大其心，则能体天下之物”。这里的“大心”指的是超越狭隘的自身，要胸怀自然宇宙，胸怀天地万物，只有这样，才能体会到自己与他人万物是息息相关、休戚与共的关系。在《西铭》篇中，张载“视天下无一物非我”，以广阔的胸襟包容天地万物，将天下百姓都看作自己的亲人朋友，存仁心、养天性，自觉承担起更为重要的道德义务，由此才写下了大家所熟知的那句千古名论：为天地立心，为生民立命，为往圣继绝学，为万世开天平。张载身为朝廷官员，能达到与民众同胞共忧共乐之“四海之内皆兄弟”的情怀，很值得为官者学习。

当今世界，人类在科技、医学、文化、教育、文学、艺术等方面虽然取得了巨大的进步，但也面临诸多矛盾和问题，如环境污染、大气污染、臭氧空洞、物种灭绝、生态破坏等。历史上，“民胞物与”思想激励着无数志士仁人救国家于危难、拯生民于涂炭，尊重自然、顺应自然，今天，它依然启示我们要以天下为己任，关怀社会、关注民生、爱护自然、保护自然。

以道观之，物无贵贱

典出《庄子·秋水》。以道观之，物无贵贱；以物观之，自贵而相贱；以俗观之，贵贱不在己。以差①观之，因其所大而大之，则万物莫不大；因其所小而小之，则万物莫不小；知天地之为稊米也，知毫末之为丘山也，则差数②睹矣。

意思是说，从道的眼光来看，事物之间是没有贵贱之分的。以自身为绝对的观物标准，每一事物总是把自己看得尊贵而把别的事物看得低贱。从世俗的眼光来看，那么贵贱就不是由自己来判定的了。以差别的眼光而言，从事物大的方面来看它，那么万物没有不大的；从事物小的地方来看它，那么万物没有不小的。如果懂得天地也可以被看作小米一样小，毫毛的末端也可以被看作丘山一样大，那么事物之间大小的相对性就看得很清楚了。

---

① 差：差别。
② 差数：差别的概念。

天赋万物，各有其理。从道的眼光来看，事物之间是没有贵贱之分的。世间万事万物，都有其存在的道理，不以贵喜，不以贱悲。贵贱为人所分，不是天道所授。以人观之，地球可谓大，拿到太阳系便小了；太阳可谓大，拿到银河系便小了。银河系之于宇宙，银河系又小了。据说，宇宙亦无边缘，还有更不可知的“大”。那么小呢？小亦可见大，“一花一世界，一叶一菩提”，说的就是大小贵贱的相对论。

从宇宙本体之道的高度俯观万物，万物没有贵贱；从万物本身的角度来看，万物莫不自以为尊贵而贱视他物；从世俗的观点来看，万物的贵贱不在物自身。“齐贵贱”是以道观之的结果，庄子的“齐物”“齐论”都是以道观之的结果。“以道观之，物无贵贱”，道眼观物超越了自我中心和人类中心的视角，把自我与他人、人类与万物摆在了同等重要的位置。道既是万物得以产生的根本原因，也是一切价值产生的最终根源，包括道德价值、生态价值、审美价值等。虽然万物千差万别，但道却是公正无私、绝对平等的。

“以道眼观物”是庄子最终要达到的境界，唯有获得一双“道眼”，才能超越对事物的分别心而获得一种平等见，避免分别心导致的高低贵贱价值判断以及由此而来的好恶取舍，从而摆脱内心的偏见与纠结，拥有兼怀万物的博大胸襟。

天地有大美而不言，四时有明法而不议

典出《庄子·知北游》。天地有大美而不言，四时有明法①而不议，万物有成理②而不说。圣人者，原③天地之美而达万物之理，是故至人无为，大圣不作④，观于天地之谓也。

意思是说，天地有覆载万物的美德而不言说，四季有变化的规律却不议论，万物有生长的规律而不说明。圣人之所以为圣人，是因为他们相信并接受天地之美善与恩典，能够通达万物之缘由并顺应之，所以圣人任其自为，圣人无所造作，只是效法天地自然无为之道。

天地的大美，四时的序列，万物的荣枯，都是“道”的伟力所致，人在宇宙本根面前，只有敬畏的份儿。西方哲学家康德曾说：“有两种伟大的事物，

① 明法：指四时变化的规律。
② 成理：指万物生长的规律。
③ 原：推崇。
④ 不作：无所造作。

我们越是经常越是执着地思考它们，我们心中就越是充满永远新鲜、有增无已的赞叹和敬畏，那就是我们头上的星空和我们心中的道德律！”道产生了天地万物，天地万物生息繁衍、生死荣枯、循环往复。天地大美是一种无是非、无差异的齐一之美，天地万物的生息消长更相嬗替，不见其规律，却通达一种真正的大和之境。

天地有大美不言，天地有大美难言。有一年去了甘南，下车伊始，我便被天地的大美惊呆了。一望无际的高原寂寥开阔，远处雪山起伏绵延，湖水湛蓝清澈，雪峰倒映在水中，童话般圣洁，有牦牛在悠闲地吃草，这是由天地和地平线组成的绝美画卷。大美的天地，何自言其美哉？它静默着，送往迎来。联想到我们有时好大喜功，做了一点好事就禁不住沾沾自喜，生怕别人不知道，与大美不言的天地相比，何不羞哉？

庄子强调“天地大美”还有一层意蕴，那就是人必须遵循自然规律，顺应自然，与自然保持协调，从而达到“天地与我并生，而万物与我为一”的境界。庄子“天人合一”的宇宙观，强调主体与客体的统一，主张有机、整体地看待天地间的万事万物。由此可见，庄子既不是主张以人类自我为中心，也不是主张以自然为中心，而是主张天人合一，天地有大美，此大美只有从天地人的大系统出发才能领略到，只有借助整体的审美方式才能体悟到宇宙大化流行的大生命之美。

斧斤以时入山林，材木不可胜用也

典出《孟子·梁惠王上》。不违农时，谷[1]不可胜食也。数[2]罟[3]不入洿池，鱼鳖不可胜食也。斧斤以时[4]入山林，材木不可胜用也。谷与鱼鳖不可胜食，材木不可胜用，是使民养生丧死无憾也。养生丧死无憾，王道之始也。

意思是说，只要不违背农时，粮食是吃不完的。如果不用比较细密的渔网去池子里捞鱼，那么鱼鳖是吃不完的。砍伐树木掌握一定的时间，而不是滥伐，那么木材也是用不尽的。粮食、鱼鳖都吃不完，木材都用不完，这样平民百姓生养死葬就没有什么不满的了。平民百姓对供养活着的人、安葬死了的人没有什么不满，这就是王道的开端了。

梁惠王提出的“王道之始”问题，实际上是治国

① 谷：代指粮食，是粮食的总称。
② 数：细密。
③ 罟：一种网。
④ 时：指时令，农时。

理政的根本问题。到底什么是治国理政的根本和要法？孟子讲了三个方面：不违农时、不入洿池、以时入山林，这就是“王道”的根本。

虽然这番言论的目的在于宣扬王道，但强调“不违农时”“数罟不入洿池”“斧斤以时入山林”，要求不违背农时播种收获、有节制地捕鱼、根据时节伐木，实际上已经包含了保护自然环境的生态思想。古人保护自然环境的思想，在很多论述中都能看到。如唐代著名政治家陆贽的“取之有度，用之有节，则常足。取之无度，用之无节，则常不足”①，说的就是对自然界的物产资源，要有限度地索取、有节制地使用。“山林虽广，草木虽美，禁发必有时；国虽充盈，金玉虽多，宫室必有度。江海虽广，池泽虽博，鱼鳖虽多，罔罟必有正。”② 管子提出的生态保护重点就是“以时禁发”，对自然资源的开采和索取要在恰当的时间进行。这些论述反映了古人对人与自然关系的深度思考。

孟子这句话提醒人们，自然并不是我们可以予取予夺的对象，我们应该顺应自然规律、保护自然、利用

① 唐陆贽奏议《均节赋税恤百姓六条》。

② 《管子·八观》。

自然。正如恩格斯所言："我们不要过分陶醉于我们人类对自然界的胜利。对于每一次这样的胜利，自然界都对我们进行报复。每一次胜利，起初确实取得了我们预期的结果，但是往后和再往后却发生完全不同的、出乎预料的影响，常常把最初的结果又消除了。"在物质产品极大丰盈的当代，古人的这些论述依然没有过时，反而成为当今建设优美生态环境、实现可持续发展的重要理念。

山林虽广，草木虽美，禁发必有时

典出《管子·八观》。山林虽广，草木虽美，禁发必有时；国虽充盈，金玉虽多，宫室必有度。江海虽广，池泽虽博，鱼鳖虽多，罔罟必有正。

意思是说，山林虽广，草木生长虽好，封禁开发必须定时；国虽富裕，金玉虽然很多，兴建宫室必须有度。江海虽宽，池泽虽大，鱼鳖虽然很多，捕鱼之业必须有官员管理。

管子指出，人要认识把握自然规律，因为只有在把握自然规律的前提下，才能更好地利用自然规律来为人类服务。他要求为政者要熟知“天地之气，寒暑之和，水土之性”①，熟悉水、旱、风、雾、雹、霜、虫等自然灾害的运行规律，完善各项防范措施，减轻自然灾害对人类的影响。

管子认为，人不要过度干涉自然，要遵循自然规

---

① 《管子·七法》。

律，与自然和谐相处。在对待自然资源上，他主张要“以时禁发”，对自然资源的开采和索取要在恰当的时间进行。《管子》中“立政”“幼官”“戒第”等篇都明确提出“以时禁发”。如《管子·戒第》篇提出“老弱勿刑，参宥而后弊。关几而不正，市正而不布。山林梁泽，以时禁发而不正也”。“以时禁发”思想体现的是人对自然规律的尊重，强调对大自然的利用要有“节制”，不能无限制地开采使用，只有这样才能实现对自然资源的保护，达到永续利用的目的。

管子的生态伦理思想表现在其治国理政的各个方面，对我们今天的生态文明建设具有重要的参考价值和借鉴意义。

第二章　辩证变化　不法常可

——与时偕行的智慧

与西方思维模式不同，中华优秀传统文化中蕴含着丰富的辩证法思想。从周易八卦，到道家文化、儒家文化、法家、禅宗，都包含着辩证法思想。比如，《周易》有六十四卦，每一卦都由阴、阳组成，这两种相反性质的符号，代表了一切事物的一刚一柔、一上一下、一主一辅、一显一隐、一生一灭、一好一坏、一善一恶、一前一后……阴阳是相对而言的，同一事物，相对条件不同，属阴属阳也不同，具体是由参照条件来决定的，这是最简单、最纯粹、最直接的辩证法思想。从这个角度来说，《周易》就是辩证法的产物。老子的《道德经》里面，也包含着大量丰富的辩证法思想。比如，“故有无相生，难易相成，长短相形，高下相倾，音声相和，前后相随。是以圣人处无为之事，行不言之教，万物作焉而不辞，生而不有，为而不恃，功成而弗居。夫惟弗居，是以不去”①。有和无，难和易，长和短，高和下，音和声，前和后，都是相对存在的，既对立又统一，这就是辩证法的思维。《道德经》里面经常出现的词组还有有无、虚实、强弱、刚柔、雌雄、祸福、善恶、美丑、长短、高下、前后等，彼此都是对立的统一，失去了一方，另一方也不能存在。老子观察到，事物虽然有矛盾，但在一定条件下会相互转化，“反者道之动”是事物运行的规律。

从《周易》辩证法思想的萌芽算起，中国古代辩证法已经有三千多年的发展历史。其影响涉及政治、军事、教育、医学、文化等各个方面，是古人留给我们的宝贵思想遗产。

---

① 《道德经·第二章》。

苟日新，日日新，又日新

典出《礼记·大学》。汤之盘铭①曰："苟日新②，日日新，又日新。"《康诰》曰："作③新民。"《诗》曰："周虽旧邦，其命④维新。"是故君子无所不用其极。

意思是说，商汤王刻在洗澡盆上的箴言说："如果能够一天新，就应保持天天新，新了还要更新。"《康诰》说："激励人弃旧图新。"《诗经》说："周朝虽然是旧的国家，却禀受了新的天命。"所以，品德高尚的人无处不追求完善。

《易经》的精髓，一个字概括，就是"变"。变则新，新则进，革故而鼎新，是人类社会进步的动力。中华民族是富有创新精神的民族，我们的先人早就提出"周虽旧邦，其命维新""天行健，君子以自强不息"

① 盘铭：刻在器皿上用来警诫自己的箴言。这里的器皿是指商汤的洗澡盆。

② 新：这里本义是指洗澡除去身体上的污垢，使身体焕然一新，引申义则是指精神上的弃旧图新。

③ 作：振作，激励。

④ 其命：指周朝所禀受的天命。

“穷则变，变则通，通则久”，当发展面临困境时，就必须学会改变现状，进行适当的变革和创新。变革后，事物的发展变得顺畅了，事物发展顺畅了，就可以长久发展下去。如果面临变革而固守旧有，势必因此阻滞。

“不日新者必日退”，“变”是新旧事物的更替，正所谓“旧的不去，新的不来”，这顺应了历史发展的潮流。通过创新，先人们发明了造纸术、火药、印刷术、指南针，在天文、算学、医学、农学等多个领域创造了累累硕果，对世界文明进步影响深远、贡献巨大。

中国共产党执政已七十余年，巩固政权同样要与时俱进、守正创新。因此，我们要用“日日新”“又日新”的创新精神，继续推进党的理论创新，推进马克思主义中国化时代化，推动党和国家事业不断向前发展。

凡益之道，与时偕行

典出《周易·益卦·彖传》。《彖》曰："益"，损上益下，民说无疆；自上①下下，其道大光；"利有攸往"，中正有庆；"利涉大川"，木道乃行；益动而巽，日进无疆；天施②地生，其益无方③。凡益之道，与时偕行。

意思是说，《彖》说：益，指的是减轻赋役，苏解民困，这样庶民就会欢喜无边。君上谦卑，深入民间，体察民意，那么他的道义广庇四方。益卦辞说"利于有所往"，规定了人要像君臣庶民，各守其道，所以吉庆安宁。卦辞又说"利于涉水渡河"，表示刳木为舟，浮水而行，平安顺利。巽义为谦逊，敢于作为而心怀谦逊，其事业必定与日俱进，不可限量。上天泽润万物，大地生养万物，天地对万物一视同仁，泽惠无边。变通

---

① 上：指九五，九五能降恩惠于下，则益道光大。
② 施：《广雅·释古》曰："予也。"
③ 方：《广雅·释古》曰："类也。"

趋时，把握时机，做出适于时代需要的判断和选择。

“凡益之道，与时偕行”出自《周易》里的益卦。益卦的卦象，上风下雷，喻示风雷激荡的景象，风雷之间相助互长，势愈强、雷愈响，所以是交相助益。

小到一个人，大到一个国家，要说怎样得益、怎样受益，就是要把握“时机”，顺天应时，与时俱进，进而交相互益。《资治通鉴》中记载了这样一个故事：战国时韩国的国君韩昭侯准备修建一个高门，但他的谋士屈宜臼却劝他不要这么做。屈宜臼说：“如果你非要修建这个高门，恐怕还等不到这个高门修建完，就要死了。为什么呢？因为时机不对。国君在自己家修建一个高一点的门楼，搞得气派一些，有错吗？没有错。当年我们国强民富的时候，你如果修建一个高门，肯定没有问题。可是今天的情况不一样了，秦国去年刚刚攻占了我们的宜阳城，我国元气大伤，你偏偏要在这个时候修建高门，这势必会使百姓离心，将士散德，韩国的败落就不可避免了。”结果，韩昭侯没有听屈宜臼的劝告，而屈宜臼的预言也应验了，高门还没有修好，韩昭侯就去世了。①

① 《中国传统文化中的辩证思维》，《光明日报》2014 年 4 月 26 日。

这虽然是一个故事，但其中蕴含的道理却非常深刻：做事的时机很重要，善于把握时机，把握机遇，才能事半功倍。否则，在不恰当的时间做同一件事，可能会适得其反。

在中国人看来，“时”不是简单的经常之“时”、计量之数，而是与具体问题、具体环境相联系的合宜之“时”、生存之道。从哲学上看，世界上的一切事物都是不断运动和变化的，只有把握现实脉搏、跟上时代发展，才能始终走在前列，立于不败之地。中华民族正是在“与时偕行”“与时俱进”中，守正不守旧、尊古不复古，从而形成了源远流长从未间断的历史和文明。

穷则变，变则通，通则久

典出《周易·系辞下》。神农氏没，黄帝、尧、舜氏①作，通其变，使民不倦，神而化之，使民宜②之。《易》穷则变，变则通，通则久。

意思是说，神农氏去世后，黄帝、尧、舜先后兴起，他们变革前人发明的器物、制度，使百姓用起来不至于厌倦，又加以神妙的变化，以适于百姓使用。《周易》中蕴含的法则是事物发展到极点，就会发生变化，变化就通达，通达就能长久。

《周易》是五经之一，记载了中国古人对自然规律的理解和探索。其中提到的“穷则变，变则通，通则久”概括了自然变化的一个基本特征，那就是“变”。变，就是发展，就是前进。《易经》通篇围绕一个“变”字作文章，世间万事唯一不变的就是“变”。即万事万物发展到一定阶段，就会遇到瓶颈，原先有利的

① 黄帝、尧、舜氏：皆为上古氏族领袖。

② 宜：适宜，适于。

条件可能会成为进一步发展的阻碍，这个时候就要主动寻求调整、寻求变化，在调整和变化中找到进一步发展的新路径，通过不断动态调整，保证工作、事业等能够稳定持续地发展。

穷则思变，变通而图存，是从古至今的中国智慧。司马迁著《史记》旨在“通古今之变”；王安石变法推崇“变通”精神，不是基于祖宗成法，而是根据现实情况出台革新策略；资产阶级维新派为了变法维新，以“穷则变，变则通，通则久”为依据，提出了“变者，古今之公理也”，阐述变法图存的道理。2014 年，在纪念中国人民抗日战争暨世界反法西斯战争胜利 69 周年座谈会上的讲话中，习近平总书记指出：“近代中国由盛到衰的一个重要原因，就是封建统治者夜郎自大、因循守旧，畏惧变革、抱残守缺，跟不上世界发展潮流。‘穷则变，变则通，通则久。’改革开放是决定当代中国命运的关键一招，也是实现中华民族伟大复兴的关键一招。”在 2018 年两院院士大会上，习近平总书记在讲话中，近 30 次提到了“改革”。他用“穷则变，变则通，通则久”的道理指出，要坚持科技创新和制度创新“双轮驱动”，最大限度解放和激发科技作为第一生产力所蕴藏的巨大潜能，才能建设世界科技强国。

实现中华民族伟大复兴，对于国家和社会来说，同样需要有革故鼎新的精神，与时俱进，与时偕行，这样才能保持生机和活力。

天地革而四时成

典出《周易·革卦·彖传》。《彖》曰：革①，水火相息，二女同居，其志不相得曰革。“巳日乃孚”，革而信之。文明以说，大“亨”②必正，革而当，其“悔”③乃“亡”。天地革而四时成。汤武革命，顺乎天而应乎人。革之时大矣哉！

意思是说，《彖》说：变革，水火相息相灭而不能相容，如同两个女子同居一室，但是她们志趣不合，终将有变，这就叫变革。在“巳日”这一交相转变之日推行变革并能取信于民，在变革过程中就会得到天下的理解与信任。有文明的美德就会事理周尽而顺应人心，能持守正道就会使前途变得大为亨通，如此变革稳妥而得当，一切悔恨自然就会消失。天地变革，导致四季形成。商汤、武王发起的对夏桀、商纣的革命，既顺

① 革：卦名，上卦为离，离为火；下卦为兑，兑为泽。水下浇而火上腾，水火相灭则有变，故谓之“革”。

② 亨：完美。

③ 悔：灾难。

应天道，又符合人民的愿望。变革时机的选择，其意义是极为重大的。

《周易》的根本哲学观在于“变通”，而“革卦”无疑是变通的典型。革故鼎新，是一种自然法则。天与地相变革而产生四季，化育万物。人世间的变革也是如此，唯有改革、革命，才能推翻旧的腐朽的制度，建立新的进步的制度。这就告诉我们，无论做什么事情，首先要有革故鼎新的精神和气魄，就如毛泽东主席在党的七届二中全会上所指出的那样，“我们不但善于破坏一个旧世界，我们还将善于建设一个新世界”。

变革固然重要，然而变革时机更重要。变革时机要适宜，要顺应客观规律，更要合乎民心。

夏朝末年，因统治者桀的残暴统治，民心渐失，商部落的首领商汤意识到灭夏拯救天下的时机到了。商汤对内实行勤政薄敛、体恤民情的政策，人民生活安定，物资积累日益丰富；对各诸侯国讲仁义；同时不拘一格选用人才，对有才学而出身奴隶的伊尹不仅不歧视，反而破格提拔为右相。在伊尹与左相仲虺的辅佐下，他一边用仁德感召诸侯，一边用武力剪除夏王朝的羽翼。从此，商汤的名声越来越大，夏桀暴政下的人们对他“心向往之”。远者怀之，近者来之。大约在公元前1600年，商汤正式兴兵讨伐夏桀，并发表了讨伐夏桀的檄文：“并不是我要造他的反，而是上天认为夏桀的罪恶太大了，命我讨伐他。”这一檄文极大地振奋了士气。最后，商汤推翻夏朝，建立了商朝。因此，变革既要顺应天意与民心，也是天意与民心的必然结果。时机未到就不能鲁莽地变革，时机来了就一定要顺应形势的变化进行变革，这样才能成功。

反者道之动，弱者道之用

典出老子的《道德经·第四十章》。反①者道之动；弱②者道之用。天下万物生于有③，有生于无④。

意思是说，道的运动是循环的；道的作用是柔弱的。天下万物生于有，有生于无。

老子在《道德经》中，多次提到“事物的矛盾和对立转化是永恒不变的规律”，概括了自然和人类社会的现象与本质。“反者道之动”，道的变化是什么呢？就是往相反的方向转换，就是我们常讲的物极必反。《周易》里也有“否极泰来”的说法，否极泰来就是物极必反，事物到了顶点就会走向它的反面，“反”是道的根本特征。“反者道之动”，这五个字揭示了事物发展的客观规律：事物之间永远存在着对立的两种属性，这两种属性总是在向其对立面转化，在临界点返回，循

① 反：循环往复。一说意为相反，对立面。反，是道的运行规律。
② 弱：柔弱、渺小。
③ 有：这里指道的有形质。
④ 无：此处指超现实世界的形上之道。

环往复。这里面体现了老子朴素的辩证法思想。

弱者道之用，强调的是道一般在柔弱的状态下发挥作用。比如说，老子强调柔弱胜刚强，“木强则折”，柔弱的东西怎么折也没有关系，一根新生的树枝，柔软有韧性，不容易被折断，可是一根长得非常结实的树枝，一折就断了。“天下之至柔，驰骋天下之至坚”，水是很柔弱的，但是它能渗透到大地中去，它无所不在。老子所讲的弱是要人们谦虚包容，不争，处下等。

万物负阴而抱阳，冲气以为和

典出老子的《道德经·第四十二章》。道生一①，一生二②，二生三③，三生万物。万物负阴而抱阳，冲气以为和。人之所恶，唯孤、寡、不谷④，而王公以为称。故物，或损之而益，或益之而损。

意思是说，道是独一无二的，道本身包含阴阳二气，阴阳二气相交而形成万物。万物背阴而向阳，并且在阴阳二气互相激荡中生成新的和谐体。人们最厌恶的就是“孤”“寡”“不谷”，但王公却用来称呼自己。所以一切事物，如果减损它有时反而得到增加，如果增加它有时反而受到减损。

世间万事万物都存在阴的一面和阳的一面，一阴

---

① 一：这是老子用以代替道这一概念的数字表示，即道是绝对无偶的。

② 二：指阴气、阳气。“道”本身包含着对立的两方面。阴阳二气所含育的统一体即是“道”。因此，对立着的双方都包含在“一”中。

③ 三：是由两个对立的方面相互矛盾冲突所产生的第三者，进而生成万物。

④ 孤、寡、不谷：这些都是古时候君主用以自称的谦辞。

一阳谓之道。阴阳相交而天地生发，一阴一阳是催生万物的枢纽和密码。

万物为什么是负阴而抱阳，却不是负阳而抱阴呢？因为阴在上，所以阴气才能下降，因为阳在下，所以阳气才能上升；阴气下降遇到阳气上升，阴阳相冲，所以才能相合。一阴一阳，上下冲和，如此才可以阴阳平衡。阴和阳既是对立的又是统一的，它们互相依存，相生相克而万物生焉。万事万物借由阴阳所生，一切都存在矛盾却又对立统一。

“万物负阴而抱阳”，是言“对立”，揭示了矛盾的普遍规律。矛盾是客观存在的，一切事物都存在着矛盾，没有矛盾就没有世界，没有一切。“冲气以为和”，是言“同一”，说明平衡、和谐的运动空间是一切事物发生、转化的前提。

大巧若拙，大辩若讷

典出老子的《道德经·第四十五章》。大成①若缺，其用不弊②。大盈若冲③，其用不穷。大直若屈，大巧若拙，大辩若讷。静胜躁，寒胜热。清静为天下正④。

意思是说，最完满的东西好似有欠缺，但它的作用是不会衰竭的；最充盈的东西好像很空虚，但它的作用是不会穷尽的。最正直的东西看起来好像是弯曲的，最灵巧的东西看上去好像是笨拙的，最卓越的辩才好似不善言辞。清静能够克服扰动，寒冷能够克服暑热。做到清静无为才可以统率天下。

最灵巧的看起来有些笨拙，最有辩才的却显得有些木讷。苏东坡说的“大智若愚”就是从“大巧若拙”中来的。

古希腊哲人苏格拉底，是柏拉图的老师。他十分聪

---

① 大成：最为圆满的东西。
② 弊：困乏。
③ 冲：虚，空虚。
④ 正：通“政”。

明，但常常自称一无所知。有一次，他的朋友到神庙去祈求阿波罗的神谕，询问是否有人比苏格拉底更聪明，回答说“没有”。苏格拉底听到这个神谕后，很是困惑，因为他总认为自己缺乏智慧，不够聪明。于是，他就去访问了许多人们公认的智者，有政治家、文学家、能工巧匠等，他们都认为自己聪明绝伦，无所不懂。通过交谈，苏格拉底发现他们虽然懂得一些事情，但并不精通，对一些事情甚至只是一知半解。经过这番交谈和反复思考后，他终于明白了，阿波罗神谕之所以说他是最聪明的人，是因为他有自知之明，能认清自己。神谕的含义是，只有像苏格拉底那样深感自己无知的人，才是真正有智慧的人。

在日常工作生活中，我们要时刻注意自己的言行举止，不花言巧语，踏实做人，勤奋做事，在谦虚中善学，在内敛中进步，而不要不知天高地厚，摆出一副唯我独尊、锋芒毕露的骄横姿态。

祸兮福之所倚，福兮祸之所伏

典出老子的《道德经·第五十八章》。祸兮，福之所倚①；福兮，祸之所伏②。孰知其极？其无正也。

意思是说，福与祸并不是绝对的，祸中有福，福中有祸，福和祸之间相互依存，互相转化。谁知道它的变化有没有终点？福祸没有确定的标准！

老子讲“祸兮，福之所倚；福兮，祸之所伏”，其实讲的就是矛盾，就是对立统一的矛盾，这里面蕴含着朴素的辩证法思想。“祸”固然令人悲伤，“福”固然让人快乐，表面看来“祸”“福”之间是对立的、矛盾的；殊不知在一定的条件下，“福”可能会变成“祸”，“祸”也有可能变成“福”，“福”和“祸”是对立的统一。

塞翁失马的故事大家都知道。刚开始，塞翁家的马跑进了胡人的地盘，马丢了，当然是一件坏事，大家纷纷跑来安慰，塞翁倒也淡定：“谁说它一定是坏事呢?”

---

① 倚：依靠。
② 伏：隐藏。

果然，没过几个月，那匹老马又从塞外跑了回来，并且带回了一匹胡人的骏马。邻居们又来向塞翁道贺。然而，塞翁却忧心忡忡地说："唉，谁知道这件事会不会带来灾祸呢?"塞翁家平添了一匹骏马，他的儿子喜不自禁，于是天天骑马兜风。突然有一天，儿子从马背上掉下来，摔伤了一条腿，致使终身残疾。邻居们听后，替他难过，赶紧过来安慰他，而塞翁却说："谁知道它会不会是好事呢?"又过了一年，胡人大举入侵中原，边塞形势骤然吃紧，身强力壮的青年都被征去当兵，十有八九在战场上送了命。而塞翁的儿子因为腿脚有疾，被免除兵役，父子二人也避免了这场生离死别的灾难。

塞翁失马的故事告诉人们，"祸"有时不一定是祸，可能蕴含着"福"，"福"也不绝对是"福"，有时也可能蕴含着"祸"，也就是说，福和祸并不是绝对的。因此，在生活工作中，我们要善于从"祸"中看到"福"的转化，从"福"中看到"祸"的存在，这样才能正确看待"福"和"祸"，并处理好"祸""福"的矛盾。反之，如果把"祸""福"对立起来，认为"祸"就是"祸"，"福"就是"福"，在处理"祸""福"矛盾时，就会缺乏良好的心态和处事方法。

是以圣人不期修古，不法常可

典出韩非子的《五蠹》。近古之世，桀纣暴乱，而汤武征伐。今①有构木钻燧于夏后氏②之世者，必为鲧禹笑矣；有决渎于殷周之世者，必为汤武笑矣。然则今有美③尧、舜、汤、武、禹之道④于当今之世者，必为新圣笑矣。是以圣人不期修⑤古，不法常可⑥，论世之事，因为之备。

意思是说，近古时代，夏桀和商纣残暴淫乱，商汤和周武王起兵讨伐。如果有人夏朝时还在树上架木筑巢，还钻木取火，一定会被鲧、禹耻笑；如果有人在商朝还尽全力去疏导河流，一定会被商汤、周武王耻笑。这样说来，如果有人在今天还赞美尧、舜、汤、武、禹的政治措施，一定会被新的圣人耻笑。因此，圣人不希

---

① 今：用在这里表如果、假使。
② 夏后氏：指夏朝，夏后是禹的国号。
③ 美：褒扬，赞美，用作动词。
④ 道：方法，措施。
⑤ 修：学习。
⑥ 常可：永久不变的制度，永远适宜的方法。

望一切都学习古代，不墨守一成不变的旧规，而应研究当前的社会情况，并据此制定符合实际的措施。

社会在发展，时代在前进，世界时刻处在变动不居的状态下，不变是相对的，变动是绝对的。面对发展了的形势和事物，要因地制宜、因时制宜，做出适当的调整。

刻舟求剑的故事大家都很熟悉。有一个楚国人坐船过江，他的宝剑不小心掉到了水中，他立即在船边刻了一个记号，说："我的宝剑是从这个位置掉下去的。"等船靠岸后，这个楚国人立即从他刻记号的地方跳下去，寻找他的宝剑。记号虽然刻在了船上，但是他看不到船已经开了的事实，如此机械地寻找宝剑，最终只能是剑寻不得且被人耻笑。

寓言终归是寓言，但我们要从寓言中得到启发：世界上的事物，总是在不断地发生变化，不能单凭主观臆断想事情做工作。以静止的眼光来看待变化发展的事物，必将导致错误的判断。凡事如果躺在功劳簿上睡大觉，因循守旧，就会如这位楚国人一样，贻笑大方。古人还谆谆告诫我们，不要一切都跟老祖宗学，不要墨守成规，"不期修古，不法常可"，要善于看到事物的变化，要用实事求是的方法来看待事物，要跟上形势的发展变化，不法古，不泥古，不照搬一套公式用到底，而是用常变常新的方式方法应对变化。

得其大者可以兼其小

典出北宋欧阳修的《易或问》。或问："大衍之数，《易》之缊乎？学者莫不尽心焉。"曰："大衍，《易》之末也，何必尽心焉也。《易》者，文王之作也，其书则六经也，其文则圣人之言也，其事则天地万物、君臣父子夫妇人伦之大端也。大衍，筮占之一法耳，非文王之事也。""然则不足学乎？"曰："得其大者可以兼其小，未有学其小而能至其大者也，知此然后知学《易》矣。"

这句话阐述了"大"和"小"的关系，也是欧阳修关于《易经》学习方法的见解。他认为易学有"大""小"之别，学习《易经》应从"大义"着手，而不能只局限于某一卦的小道理，只有学会了《易经》的大道理，才能通达《易经》各卦的小道理。

天地之间，浩瀚无垠，历史长河，烟波浩渺，人生一世，草木一秋，大小如何界定呢？"大"指国家利益和民族利益，"小"指个人利益和价值，大河有水小河满，只有“得其大”，方能“兼其小”。习近平总书记指出：“国家好，民族好，大家才会好。”我国爆炸力学与核试验工程领域著名专家、中国工程院院士林俊德，参与了我国所有的核试验，长期隐姓埋名，潜心铸造大国重器，扎根新疆罗布泊戈壁大漠52年。他说：“我这辈子只做了一件事，就是核试验，我很满意。”中国核潜艇之父黄旭华，为了中国的核潜艇事业，隐姓埋名30年。他说：“这辈子没有虚度，我的一生属于核潜艇、属于祖国，无怨无悔！”无论古人还是今人，无数仁人志士用实际行动诠释了“得其大者可以兼其小”，并告诉我们何为“大”，何为“小”。

民族复兴的伟大梦想，要依靠全体中华儿女的拼搏奋斗来实现。中国梦是国家的梦、民族的梦，更是每一个中国人的梦。在为实现中华民族伟大复兴中国梦不懈奋斗的过程中，我们每一个人的人生目标、美好愿景，也会从理想走向现实，此所谓得其大者可以兼其小。因此，我们每个人都应该自觉地将自己的理想和国家的前途，将自己的人生和民族的命运紧密联系在一起，忠于国家，奉献人民。

第三章　为政以德　众星共之

——厚德载物的智慧

为政以德，厚德载物，是中华优秀传统文化的重要内容，是古代国家治理思想的鲜明特点。从周公的“以德配天”，到管仲的“大德不至仁，不可以授国柄”，孔子的“为政以德，譬如北辰，居其所而众星共之”，再到汉代思想家董仲舒的“以德为国者，甘于饴蜜，固于胶漆”，等等，几千年来的治国理政历史，选拔任用官吏的标准，难以一概而论，唯独“德”始终占据主导地位。中华民族也由此形成了为政要注重涵养政德、以官德教化民德的优良传统。

中国共产党历来高度重视领导干部“德”的问题，早在1938年，在党的六届六中全会上毛泽东就强调，“中国共产党是一个在几万万人的大民族中领导伟大革命斗争的党，没有多数才德兼备的领导干部，是不能完成其历史任务的”。在选拔干部时，我们党也始终坚持一条选人用人的标准：德才兼备、以德为先。党的十八大以来，以习近平同志为核心的党中央对干部的德才标准提出了一系列新思想、新观点、新论断，构成了新时期“德才兼备、以德为先”的时代内涵。而中华优秀传统文化中丰富的“为政以德、厚德载物”的思想，对新时代领导干部修身正己、涵养政德具有重要的借鉴价值。

为政以德，譬如北辰，居其所而众星共之

典出《论语·为政篇》第二。子曰："为政以德，譬如北辰①，居其所而众星共②之。"

意思是说，孔子说："以道德为原则治理政事，就可以像北极星那样，自己安居其位，而众星都环绕在它的身边。"

"为政以德"，从字面上看，"政"，即"众人之事"，不单指政治行为，也指一个团体或组织，甚至是一个国家。"德"，上面是"直"字，心要直，心要正，正直就是德，它是一种精神属性。德，也不仅仅指道德，可以将其理解成"良好的德行和思想"。为政以德，强调的是为政者"德"的重要性，作为一个领导者，应当具备良好的德行，这样才能"众星共之"。

"为政以德"是传统文化治国理政的一个核心理念。如管子的"三本"论："君之所审者三：一曰德不

---

① 北辰：指北极星。

② 共：同"拱"，环绕。

当其位，二曰功不当其禄，三曰能不当其官，此三本者，治乱之原也。故国有德义未明于朝者，则不可加于尊位；功力未见于国者，则不可授予重禄；临事不信于民者，则不可使任大官。”① 什么意思呢？治国者需要审查的问题有三个：一是政务官员的品德与地位是否相称，二是官员的功劳与俸禄是否相称，三是官员的能力与官职是否相称。这三个根本问题是国家治乱的根源。因此，在一个国家里，对道德仁义不彰显于朝廷的人，不可授予尊高的爵位；对功劳业绩没有表现在全国人民面前的人，不可给予优厚的俸禄；对做事没有取信于人民的人，不能让他做大官。所谓“三本”就是用人的三项根本原则，其中最重要的一条就是“德要配位”。

“德要配位”，这是古代官员选拔的一条政治标准，首先得道德过硬，是贤人，是圣人，然后才有资格从政做官。如汉代的“举孝廉”，主要按照德、才、能的顺序考察官员，孝和廉是古人非常推崇的德行，尤其是孝，更是被尊为天下之本。唐代讲究“四善”：“一曰

① 《管子·立政》。

德义有闻，二曰清慎明著，三曰公平可称，四曰恪勤匪懈。”① 德、慎、公、勤四个字，强调的还是“德”的标准。明代官员薛瑄，是一位令人尊敬的廉吏，被誉为“光明俊伟”的“铁汉公”，为官二十余载，修德守身、勤政爱民，提出了“居官七要”：“正以处心，廉以律己，忠以事君，恭以事长，信以接物，宽以待下，敬以处事。”② 其中第一要就是“正心以处心”。清代清官孙嘉淦提出“居官八约”：“事君笃而不显，与人共而不骄，势避其所争，功藏于无名，事止于能去，言删其无用，以守独避人，以清费廉取。”他从如何对待国君、如何与同僚共事、如何做事为官等方面提出了八项原则，注重的也是为官之德。从古至今，修身立德始终是为官从政的根本和首要标准。

人无德不立，官无德不为，国无德不兴。新时代新征程，共产党人应该继承发扬“为政以德”的政治智慧，并赋予其新的时代内涵，始终心怀“国之大者”，讲政德，明大德，守公德，严私德。

---

① 《唐六卷·卷二》。

② 明代薛瑄的《从政录》。

大学之道，在明明德

典出《大学》。大学[1]之道[2]，在明明德，在亲[3]民，在止于至善。知止而后有定，定而后能静，静而后能安，安而后能虑，虑而后能得。物有本末，事有终始，知所先后，则近道矣。

意思是说，大学的宗旨在于弘扬光明正大的品德，在于让百姓仁爱敦睦、明理向善，在于使人达到最完善的境界。知道应达到的境界才能够有坚定的志向，志向坚定才能够镇静不躁，镇静不躁才能够心安理得，心安理得才能够思虑周详，思虑周详才能够达到最完善的境界。每样东西都有根本有枝末，每件事情都有开始有终结。明白了这本末终始的道理，就接近事物发展的规律了。

---

① 大学："太学"，相对于小学而言。

② 道：本义是道路。在中国古代哲学、政治学里，"道"有时指宇宙万物的本原、本体，有时指规律、原则，有时指一定的世界观、政治观，有时指方法、办法，这里可理解为大学里的教育方针。

③ 亲：动词，革新。

《大学》《中庸》《论语》《孟子》并称“四书”，是中国儒家文化的经典。朱熹有言：“先读《大学》，以定其规模，次读《论语》，以立其根本，次读《孟子》，以观其发越，次读《中庸》，以求古人之微妙处。”由此可见《大学》之分量。严格说来，《大学》并不是一本书，它只是一篇文章，共 2212 字。《大学》的宗旨在于弘扬光明正大的品德，让百姓仁爱敦睦、明理向善，达到最完善的境界。

“大学之道，在明明德”位居《大学》开篇第一句，也是整篇的纲领。《大学》认为，人生来就具有善良的明德，但入世以后，明德被利益和物欲熏染，人就失去了本心，需要经过大学之道的教育，让本自具足的明德显现出来。自己具有了美好的德行后，还要去影响身边的人一起革故鼎新，共同达到道德完善的境界。1941 年 4 月，清华大学校长梅贻琦在《大学一解》一文中，用“大学之道，在明明德，在亲民，在止于至善”总结清华大学三十年之经验。文章指出，“学子自身之修养为中国教育思想中最基本之部分”，强调了“明德”的重要性。

选人用人重德才，是古今中外治国理政的通则，区别只是德才的内涵不同而已。我们党历来强调德才兼备，并强调以德为先。2019 年 1 月 16 日，《求是》杂志发表了习近平总书记的重要文章《努力造就一支忠诚干净担当的高素质干部队伍》，其中提到：“第一，严把德才标准。德才兼备，方堪重任。古人讲：‘德薄而位尊，知小而谋大，力小而任重，鲜不及矣。’”习近平总书记这一重要论述阐述了“德”的重要地位，为新时代选拔任用干部提出了明确要求，也时时提醒我们，应该努力去做一个心性光明、品德高尚、追求卓越、目标远大的人。

地势坤，君子以厚德载物

典出《周易·坤》。《象》曰：地势坤①。君子以厚②德载物。

意思是说，《象》卦说：大地的特点是宽广仁厚和顺，君子应该学习大地的品质，厚养自己的德行，用博大的胸怀容纳万物。

古人认为天地最大，能包容万物，所以古人形容人的宽厚美德时，会联想到大地："坤厚载物，德合无疆。"厚德载物，通俗地说就是人应效法大地，以宽厚美德容纳万物。穿越五千年的历史长河，厚德载物的思想已深深浸润到每个中国人的血脉中，成为人们安身立业的座右铭。清华大学把"自强不息，厚德载物"这两句话写入了校训，以此告诫莘莘学子：天高行健，地厚载物。

水深行大船，潭深卧蛟龙，一个拥有宽广深厚德行

① 坤：象征大地。

② 厚：动词，这里有增进、增厚的意思。

的人，才能像宽广的大地一样容纳万事万物。相传，清代文华殿大学士兼礼部尚书张英邻家造房占张家三尺地基，张家人不服，修书一封到京城求宰相张英主持公道。张英看完书信回了一封信：千里家书只为墙，让他三尺又何妨；万里长城今犹在，不见当年秦始皇。家人收书后深感羞愧，按张英之意退让三尺，邻家人见张家人如此胸怀，亦退让三尺。“六尺巷”的故事遂成为一段历史佳话。试想，如果张英没有宽宏大量的美德，哪有“六尺巷”的美谈？《书经》言：“有容，德乃大。”厚德，就要宰相肚里能撑船，包容万物，宽厚待人。

厚德载物是一种高贵的品质和崇高的境界，也是领导者应该具备的重要品质之一。“泰山不让土壤，故能成其大；河海不择细流，故能就其深。”作为领导者，要虚心学习大地的宽广包容，要有清浊并容的雅量，凡事不要锱铢必较；要有高尚的道德修养，凡事不求全责备；要有海纳百川的胸怀，从谏如流，不妒贤嫉能；要有秉公用权的品质，公私分明，不以权压人；要有治病救人的初心，凡事不苛责刻薄；要有抵御诱惑的定力，厚德载物方能走得更远，行得更稳。

政者，正也。子帅以正，孰敢不正

典出《论语·颜渊篇》。季康子问政于孔子。孔子对曰："政者正①也。子帅②以正，孰敢不正？"

意思是说，季康子向孔子请教治理政事之道。孔子答道："政就是正的意思。你自己带头走正道，那么还有谁不走正道呢？"

什么是政治呢？孔子用一个字加以概括："正"。"政者，正也。"孔子认为，为政者如果自身行为端正，就会以上率下，百姓效仿；如果自身行为不端正，即便三令五申，也会无济于事。孔子这句话点出了两个关键点：一是治国理政要重视官员这支队伍，"治国就是治吏"；二是官员的表率作用非常重要。

关于第一点，我们说群雁高飞头雁领。在天空飞翔的任何一支大雁队伍中，最重要的都是领头雁，因为头雁决定雁队的前进方向，决定雁队的精神状态，决定雁

① 正：指行为端正。

② 帅：带头。

队的前途命运。毛主席说过："政治路线确定之后，干部就是决定的因素。"习近平总书记也指出："领导干部是党执政的骨干，是关键少数。"重视领导干部这个"关键少数"，也是有历史教训的。大家熟知的"狱中八条"汇集了被关押在白公馆、渣滓洞的众多志士死难前的嘱托和意见，可以说是一份带血的遗言，也是牺牲的革命志士留给我们党的最珍贵的"精神遗产"。分析这八条，第一、第三、第六条都明言领导干部问题，第二、第七条实际也涉及领导干部问题，第八条惩办叛徒，当然首先要惩办领导干部中的叛徒。这八条虽然内容不同，但是实际上蕴含着一条主线，就是要高度关注领导干部问题。狱中八条的缘起，就是一段因为领导干部叛变酿成的痛史。历史经验告诉我们，治国就是治吏，治吏务必从严。解决中国的问题，关键在党，解决党自身的问题，关键在党的各级领导干部。各级领导干部首先要深刻认识自身角色和职责的重要性，带动形成良好的政治生态。

关于第二点，"人不率则不从，身不先则不信"，村看村、户看户，群众看党员、党员看干部，领导干部的一言一行、一举一动甚至个人癖好对一般干部和群众都具有巨大的示范效应。

春秋时期，齐国齐灵公有一个特殊嗜好，喜欢看后宫女子女扮男装，因此，后宫妇女常身穿男子的服饰。这样的装束很快流行至宫外，全国的女子竞相效仿，并且一发不可收拾。齐灵公知道后，非常担心，于是命人颁布命令："凡是女子穿男子服饰的，撕破她的衣服，折断她的腰带。"可是，女扮男装的风气依然屡禁不止。齐灵公为此大伤脑筋，却又想不出解决的办法。于是，他找到了晏子，晏子说："国君您在宫内任凭女扮男装不加制止，对外却禁止百姓如此装束，这就像悬挂牛首于国门口，却卖马肉于宫内啊！国君您先禁止宫内妇女女扮男装，宫外自然就不敢如此了。"齐灵公一听，恍然大悟，下令宫内女子不得再穿男服，不出一个月，宫外就再也没有女扮男装的现象了。一国之君的个人嗜好，都能产生这么大的导向和示范作用，遑论自身行为的端正与否了。所谓"上行下效""上梁不正下梁歪"说的就是这个意思。为政者要认识到自身表率的重要作用，以身作则，以上率下。

国有四维，礼义廉耻

典出《管子·牧民·四维》。国有四维①，一维绝则倾，二维绝则危，三维绝则覆，四维绝则灭。倾可正也，危可安也，覆可起也，灭不可复错也。何谓四维？一曰礼，二曰义，三曰廉，四曰耻。

意思是说，国有四维，缺了一维，国家就倾斜；缺了两维，国家就危险；缺了三维，国家就颠覆；缺了四维，国家就灭亡。倾斜可以扶正，危险可以挽救，倾覆可以再起，如果灭亡了，那就不可收拾了。什么是四维呢？一是礼，二是义，三是廉，四是耻。

《牧民》是《管子》一书的首篇，维即总纲，四维即四种纲纪：礼、义、廉、耻。“礼”指上下有节，有礼，就不会超越节度。“义”指合宜恰当的行事标准，有义，就不会妄自求进。“廉”指廉洁方正，有廉，就不会掩饰恶行。“耻”指知耻之心，有耻，就不会同流

① 维：原指系物的大绳，此引申为纲要、原则。

合污。

管子指出："守国之度，在饰四维……四维不张，国乃灭亡。"管子把"礼义廉耻"四维提升到国家命运的高度，这是管子治国经验的概括和总结。北宋欧阳修在《新五代史》中进一步分析了国之四维和国家兴亡的关系："礼仪，治人之大法；廉耻，立人之大节。盖不廉则无所不取，不耻则无所不为。人而如此，则祸败乱亡亦无所不至，况为大臣而无所不取，无所不为，则天下其有不乱，国家其有不亡者乎？"欧阳修认为，礼仪是法度，是规矩，廉耻是气节，是风骨，如果官员没有了这些，就会上下无序，厚颜无耻，无所顾忌，这样的话，国家就会发生动乱，因此，四维关乎国家的治乱兴衰。

毛泽东同志曾经说过："治国就是治吏，礼义廉耻，国之四维；四维不张，国将不国。如果臣下一个个都寡廉鲜耻，贪污无度，胡作非为，而国家还没有办法治理他们，那么天下一定大乱，老百姓一定要当李自成。国民党是这样，共产党也是这样。"新时代的党员干部要心怀"礼义廉耻"，面对利益诱惑不动心，践行社会主义核心价值观，涵养良好的政德。

德不孤，必有邻

典出《论语·里仁篇》第四。子曰："德不孤，必有邻。"

意思是说，孔子说："品德高尚的人不会孤独，一定有志同道合的人和他做伴。"

儒家把一个人、一个组织、一个国家的德行作为其价值追求的终极目标。因为有共同的目标和榜样，修德者必结成同志、同盟、同人，友好睦邻，所谓同声相应，同气相求。这本是孔子对个人立德的价值和作用的说明。康德说："在这个世界上，有两样东西值得我们仰望终生：一是我们头顶上璀璨的星空，二是人们心中高尚的道德律。"古往今来，无论为人还是做官，都须具备良好的道德品行。

品德高尚的人不会孤独，那么失德之人会如何呢？这里分享一个纣王的故事。

纣王，是殷朝最后一代君王，以残暴闻名。仅史籍记载的纣王各种荒淫暴虐行为，就达 70 项。有一天，纣王和他的妃子坐在摘星楼上饮酒，远远望见一老一少在涉渡溪水。老人行动缓慢，而小孩很快就蹚过了溪水。妃子对纣王说："小孩骨髓正兴旺，不怕冷。老人骨髓空虚，所以怕水冷。"纣王不信，竟命人立刻把这无辜的老小抓来，用斧子砸断他们的腿骨，验证妃子的话。为了记住纣王的这一暴行，人们把这条溪水称为"折胫河"。

由于纣王暴虐无道，朝廷中的一些大臣都逃跑了，古书《太公金匮》中说："太师少师抱其家器乐器奔周，内史向挚载其图法亦奔周。"这些大臣基本上都逃到了一个叫"周"的地方，也就是周武王的国家。周武王看到灭商的时机已到，便联合八百诸侯在盟津（今河南孟县）会师，同时还联络了今湖北、陕西、山西一带山区的八个少数民族，一起伐纣。

当周武王大军直逼朝歌的时候，纣王仍然花天酒地，醉生梦死。他毫无准备，军队都开到东方打仗去了，一时抽不回来，只得临时把 70 万奴隶都放出来，编成军队，前去抵挡。然而这些奴隶早受够了纣王的暴政，这支奴隶大军刚一和周军接触，便马上掉转矛头，倒戈奔向自己一方的将领。周军乘势大败纣王军队，纣王只得在少数卫士的保护下，狼狈逃回朝歌。纣王奔回朝歌以后，知道大势已去，昏昏沉沉地登上鹿台，把平时搜罗的珍宝都堆到身旁，一共围了5层，然后点起一把火自焚了。

纣王的故事向我们诠释了失德之人必定众叛亲离的道理，也从反面向我们诠释了“德”的重要性。“德不孤，必有邻”，古训引人深思，古训给人启迪。领导干部位高权重，必须靠良好的官德修养和自身的人格魅力，去引领、团结、带动、影响广大党员干部为履行使命而努力工作。因此，领导干部要注重在修身立德上下功夫，以高尚的德行修养和良好的人格魅力，推动各项事业蓬勃发展。

德不配位，必有灾殃

典出《周易·系辞下》。子曰：“德不配位，必有灾殃。德薄而位尊，智小而谋大，力少而任重，鲜不及矣。”

意思是说，孔子说：“一个人的德行如果不能与他的社会地位相匹配，那么必定会招致灾祸。一个人德行浅薄却占据高位，智慧有限却要谋划大事，能力有限却要不自量力地承担重任，很少有不遭受灾祸的。”

欲戴王冠，必承其重。著名投资家查理·芒格说：“要拥有一样东西，最好的办法就是让自己配得上它。”厚德才能载物，如果一个人内在的“德”不够，那么他就无法承载更高的地位和更多的荣誉。

秦朝的李斯就是一例。李斯为了得到高位，害了很多人，尤其是自己的同窗韩非子。韩非子不善于表达，所以不被韩王看重，但是他所写的《孤愤》《五蠹》《内外储说》等书，得到了秦王的赞赏。秦王感叹：“如果可以见到这位作者，和他交流该多好啊！”秦王的感慨、韩非子的才华，让李斯生发了忌妒之心，他在背地里说了韩非子很多坏话，还想方设法陷害韩非子，最终逼迫韩非子在狱中服药自尽了。秦始皇死后，李斯又在赵高的威胁和诱惑下，与人一起合谋篡改了秦始皇的遗诏，拥立胡亥成为皇帝。从此，秦国政权岌岌可危，而靠陷害别人成功的李斯，也被更诡计多端的赵高所害，最终“具五刑”并腰斩。李斯固然有才华，但他太看重自己的私利，失去了本心和德行，最终的下场完全是咎由自取。

什么样的情形算是德不配位呢？孔子从三个方面论述：德、智、力。其一，“德薄而位尊”。如果一个人德行浅薄却身居高位、手握重权，他就会滥用职权、滥施淫威、利令智昏、贪污受贿，最终害人害己。那些落马的贪官就是这样，他们身处要职却权力膨胀，目无法纪，目无人民，德不配位，最终落得身败名裂的下场。其二，“智小而谋大”。如果一个人智慧不够、格局不大，却野心勃勃，最终也会遭遇灾祸。因此，当你的能力配不上野心，当你的才华配不上梦想时，你就要踏踏实实努力。其三，“力少而任重”。如果一个人力气很小却让他背负很重的东西，那只能让他崩溃甚至压垮他。这就好比一张桌子，它本来只能承受 10 斤重的东西，如果硬要给它放上 20 斤、50 斤的重量，这张桌子就会发抖、变形，直至崩溃。以上三种情形讲的都是德不配位，都需要警惕，需要警醒。

《了凡四训》中有这样一句话：百金财富必是百金人物，千金财富必定是千金人物。古往今来，国之乱臣，家之败子，才有余而德不足，以致颠覆者多矣！因此，德不厚者不可位尊，愚钝者不可谋划国家大事。

才者，德之资也；德者，才之帅也

典出司马光的《资治通鉴·周纪一》。“才者，德之资也；德者，才之帅也。”

意思是说，才华和才能是德行的辅助因素，德行、品德是才华的统帅。

司马光提出这个观点是有事例佐证的。他在《资治通鉴》里讲了这样一个故事：春秋末期，大夫智宣子要立智瑶为继承人，族人智果坚决反对。智果说这个人确实才华很出众，并且列举了他的五大优点：英俊威猛、才艺双全、精于骑射、勇于决断、能言善辩。大家说优点这么多，还不能当继承人吗？智果说虽然智瑶有才，但他没有仁爱之心，这样的人不能继承智氏家族的事业，否则会有灭顶之灾。果不其然，智瑶掌控晋国朝政后，贪得无厌，致使智氏家族遭到灭族的命运。司马光感慨地说：“智伯之亡也，才胜德也。”

司马光记录这个故事的目的是要警醒世人，德是德，才是才，不能将二者混为一谈。他还根据德才之别，将人分为四类：德才兼备者是圣人；无德无才者是愚人；德胜过才者是君子；才胜过德者是小人。司马光认为，选拔人才时，如果实在找不到圣人、君子，与其用小人，不如用愚人，因为“愚者虽欲为不善，智不能周，力不能胜，譬如乳狗搏人，人得而制之。小人智足以遂其奸，勇足以决其暴，是虎而翼者也，其为害岂不多哉！”，和小人相比，用愚钝的人起码不会走偏。

自古至今，乱臣奸佞，败家浪子，因为才有余而德不足，导致家国覆亡的教训并不少。比如，被称为“中共历史上最危险的叛徒”的顾顺章，从才能来讲，确实出众，曾和陈赓一起赴苏联接受克格勃特训，擅长易容、暗杀等，国民党中统老牌特务万亚刚在其回忆录中称他是“全能特务，称得上大师，在顾顺章之后，特务行列中，无人能望其项背”。但顾顺章却是有才无德，当上中央政治局候补委员后居功自傲，生活腐化，吃喝嫖赌，五毒俱全，当时任中央特科二科（情报科）科长的陈赓曾忧虑地对人说：“只要我们不死，准能见到顾顺章叛变的那一天。”果不其然，顾顺章被捕后即叛变，并供出其所知的一切中共机密。幸亏打入中统内部并担任特务头子徐恩曾机要秘书的钱壮飞，及时获取顾顺章叛变的绝密情报，并抢在特务动手之前通知党中央机关转移，在上海的党中央及江苏省委才未被破坏，周恩来等党中央主要领导得以幸免于难。顾顺章有才无德，差点殃及上海地下党组织，让党的事业蒙受巨大损失，这也印证了司马光的论断：德者，才之帅也，没有德统帅才，才就会剑走偏锋，误入歧途。

因此，选拔任用干部时，要遵循“德才兼备，以德为先”的原则。领导干部在加强自身政德修养的同时也要牢记：用德统帅才，才能保证才的正当发挥，以才支持德，才能真正有益于国家和人民。

天下至德，莫大乎忠

典出东汉马融的《忠经·天地神明章》第一。天下至德，莫大乎忠。

意思是说，天下最大的德行，没有大过忠诚的。

古人把“忠”视为人生的大德。从“为人谋而不忠乎”到“人无忠信，不可立于世”，到“孝悌忠信礼义廉耻”之“八德”中，“忠”列首位，是“义理之所归”，足以证明古人对忠诚品德的高度推崇。翻开历史画卷，北海牧羊的苏武、精忠报国的岳飞、留取丹心照汗青的文天祥、收复台湾的郑成功等，一个个光辉的名字，一段段鲜活的事迹演绎着为国尽忠的故事。

1278 年，文天祥在一次战役中被元军俘虏。元世祖每天派人去轮番劝降，都被他骂走了。在狱中艰苦的环境下，文天祥写下了《正气歌》，留下了“人生自古谁无死，留取丹心照汗青”的千古名句。过了几年，元世祖决定亲自劝降文天祥：“你的忠心，我非常佩服。如果你能改变主意，做元朝的臣子，我仍旧让你当丞相，怎么样？”文天祥慷慨地回答：“我是宋朝的宰相，怎么能再做元朝的臣子？如果这样，我死了以后，哪还有脸去见地下的忠臣烈士？”元世祖知道劝降已没有希望，就下令把文天祥处死。刑场上，文天祥面色从容。他对监斩官说：“我的祖国在南方，我要面对南方而死！”说完，他整整衣冠，朝南方拜了几拜，仰天长叹道：“我事已毕，心无悔矣！”

“我要面向祖国而死”，这是文天祥的忠诚，正是有了坚定的爱国信念，文天祥才能在恶劣的环境中不改初心。在家尽孝、为国尽忠是中华民族的优良传统。对共产党人来说，忠诚是必须具备的优良品格，是每个党员入党宣誓时的庄严承诺。中国共产党成立初期就在党纲和党章中提出了“对党忠诚”的明确要求。党的一大制定的首部党纲规定，申请入党者必须为“承认本党党纲和政策，并愿成为忠实的党员者”。党的二大规定申请入党者必须“承认本党宣言及章程并愿忠实为本党服务”。习近平总书记指出：“对党忠诚，是共产党人首要的政治品质。”他强调：“党的事业，人民的事业，是靠千千万万党员的忠诚奉献而不断铸就的。我们党一路走来，经历了无数艰险和磨难，但任何困难都没有压垮我们，任何敌人都没能打倒我们，靠的就是千千万万党员的忠诚。”比如陈树湘，湘江战役中牺牲的34师师长，为了保卫中央红军过江被敌人重重包围，他也因为腹部受重伤而被俘。当时的军阀头子何健听说抓住了红军的一个师长非常高兴，他命令前线的湘军把陈树湘活着押到长沙。湘军官兵连夜抬着陈树湘走在湘江边的小道上，突然后边抬担架的士兵脚下踩到什么东西，差点滑倒。士兵细看吓了一跳，原来陈树湘躺在担架上，用手撕开自己腹部的伤口，把肠子掏出来扭断了。这就是被当地老百姓称为“断肠英雄”的陈树湘。陈树湘一生虽然很短暂，只活到29岁，但他用生命捍卫了“为苏维埃新中国流尽最后一滴血”的忠诚信念，他的英雄壮举也成为诠释“绝对忠诚”的生动教材。一百多年来，在我们党的历史上，像陈树湘这样对党绝对忠诚的共产党人还有很多。

对党忠诚，就要增强“四个意识”、坚定“四个自信”、做到“两个维护”，严守党的政治纪律和政治规矩，始终在政治立场、政治方向、政治原则、政治道路上同党中央保持高度一致。

修其心治其身，而后可以为政于天下

典出北宋王安石的《洪范传》。五行，天所以命万物者也，故“初一曰五行”。……五事，人君所以修其心、治其身者也，修其心治其身，而后可以为政于天下，故“次三曰农用八政”。

意思是说，五行是上天用来命名万物的，因此第一件就是谈论五行。……五事是人君用来修养其心、治理其身的方法，人君只有修养其心、治理其身之后，才可以治理天下，因此第三件是谈论农用八政。

《洪范传》是北宋政治家、文学家王安石的重要哲学著作。关于治国理政之道，王安石主张要先修身，而后才能理政。修身、齐家、治国、平天下，由内及外，从个体到家庭再到国家、天下，“修齐治平”是一个完整的人格路径，是为政者依次下功夫修养的顺序，而这一切的起点在于“修身”。看甲骨文中“人”的写法就能明白，弯着腰，两手合抱施礼垂放在胸前，这是我们中华民族基本的做人准则：修身有礼。中华民族特别重视如何做人，这也是中国被誉为“礼仪之邦”的一个重要原因。儒家经典篇目《大学》中深刻阐述了修身是齐家、治国、平天下的基础，最后归结为一句话：“自天子以至于庶人，壹是皆以修身为本。”也就是说，对为政者而言，个人修养水平至关重要，可以说是安邦治国的基础所在。

《后汉书》记载，陈蕃 15 岁的时候，曾经独处一室，庭院和屋舍十分杂乱，父亲的朋友薛勤来拜访，对他说：“你为什么不打扫房间来迎接客人呢？”陈蕃回答道：“大丈夫处理事情，应当以扫除天下的坏事为己任。怎么能在意一间房子呢？”薛勤当即反问道：“一屋不扫，何以扫天下？”陈蕃无言以对。是啊，如果连自身都修养不好，怎么能够去平定天下？传统文化中的读书、修身、立德，不仅是个人立身之本，更是从政之基。

传统修身文化体系庞大，内容丰富，对共产党人的党性修养来说是宝贵的资源。各级领导干部应自觉学习经典，从传统文化中不断汲取精神营养，常修为政之德、常思贪欲之害、常怀律己之心，不断提高自身修养，不断加强思想道德修养和党性修养。

第四章　仁者爱人　人恒爱之

——以民为本的智慧

民本思想是中国古代治理国家的重要思想。春秋战国时期，社会动荡加剧，对民众的重要地位和作用的认识思考不断加深。孔子较早地提出了重民、富民思想，他说："足食足兵，民信之矣。"（《论语》）孟子提出了"民贵君轻""得乎丘民而为天子"(《孟子·尽心下》）和仁政学说，形成了比较完备的民本思想体系。汉唐时期，"民惟邦本"的思想得到进一步的发展。西汉思想家贾谊吸取秦亡教训，提出"民者，万世之本"（《新书·大政上》）的思想；唐太宗李世民总结隋亡教训，悟出必须做到“国以民为本”。明清时期，民本思想更加完善，王夫之称：“人无易天地，易父母，而有可易之君。”（《尚书引义·泰誓上》）他对民众的力量有了更加清楚的认识，其民本思想具有鲜明的民主因素。传统的民本思想肯定了占社会大多数的“民”在政治生活中的根本地位和决定性作用，强调治理实践要以满足民众的基本需要为目的，在经济上惠民富民、在政治上保民安民、在文化上教民化民。

民本思想是中华优秀传统文化中的重要思想，是中华民族独特的精神标识。从“全心全意为人民服务”，到“三个有利于”“三个代表”重要思想，再到“坚持以人民为中心的发展思想”，这些思想一脉相承、一以贯之，是对古代民本思想的创造性转化和创新性发展。在新时代弘扬民本思想，就是要坚持以人民为中心的发展思想，站稳人民立场，把握人民意愿，坚持人民至上，始终把人民群众对美好生活的向往作为我们的奋斗目标。

民为贵，社稷次之，君为轻

典出《孟子·尽心下》。孟子曰:“民为贵，社稷①次之，君为轻。是故得乎丘②民而为天子，得乎天子为诸侯，得乎诸侯为大夫。诸侯危社稷，则变置。牺牲③既成，粢（zī）④ 盛既洁，祭祖以时，然而旱干水溢，则变置社稷。”

意思是说，孟子说：“百姓最为重要，国家其次，国君为轻。所以，得到民心的做天子，得到天子应允的做诸侯，得到诸侯应允的做大夫。诸侯危害到国家，就改立诸侯。祭品丰盛，祭品洁净，祭扫按时举行，但仍然遭受旱灾水灾，那就改立土神谷神。”

孟子认为，在政治生活中，老百姓是最重要的因素。在农业社会中，土地和粮食是最重要的东西。因

---

① 社稷：社，土神；稷：谷神。古代帝王或诸侯建国时，都要立坛祭祀社稷，所以社稷又作为国家的代称。

② 丘：众。

③ 牺牲：供祭祀用的牛、羊、猪等祭品。

④ 粢：稷，粟米。特指祭祀用的谷物。

此，土神和谷神也是最重要的神。社稷是土地和粮食的象征，也是国家的象征。按照孟子的说法，只有为人民所喜欢的人才能做天子，为天子所喜欢的人不过是做诸侯，为诸侯所喜欢的人不过是做大夫。在必要的时候，诸侯或社稷都可以变换，天子自然也是可以变换的，所不能变换的就是“丘民”，“丘民”就是民众。这就告诉人们，老百姓是最宝贵的，老百姓的利益是至高无上的。孟子这一思想对后世影响很大，人们常说的“国以民为本，民以食为天”就是从这里发展而来的。

从“民贵君轻”的政治理念出发，孟子认为统治者不能体现人民的意志，不能代表人民的利益，犯了严重错误还不改，老百姓就要对他们进行“征诛”，将其废为“一夫”。有一年，邹国和鲁国发生了冲突。邹国官吏死了三十三人，老百姓一个都没死，眼看官吏去死却不救助。邹国的国君很恼火，向孟子诉苦，说杀掉这些见死不救的百姓吧，太多了杀不过来，况且都杀了谁来交税呢？不杀吧，心里又真是不平衡。孟子却说这个国君活该。孟子指出邹国大小官吏平时残害百姓，等到他们面临危险的时候，老百姓当然没有义务帮助他们。在孟子看来，国君要看重老百姓，不要凌驾于民众之上作威作福。只有得到百姓的欢心和拥护的人，才可以做国君，国家才会稳固。

“民为贵”，两千多年前孟子振聋发聩的一论仍然让今天的我们感到震撼，受到启迪，引发深思。共产党人坚持全心全意为人民服务的宗旨，“人民对美好生活的向往，就是我们的奋斗目标”，“江山就是人民，人民就是江山”，等等，正是对以“民为贵”为代表的传统民本思想的继承、超越、转化、创新。全面小康社会的建成、绿水青山就是金山银山的实践等，都体现了中国共产党人对人民的赤诚之心。

民惟邦本，本固邦宁

典出《尚书·五子之歌》。皇祖有训，民可近不可下，民惟邦本①，本固邦宁。

意思是说，祖先早就传下训诫，人民是用来亲近的，不能轻视与低看，人民才是国家的根基，根基牢固，国家才能安定。

党的十八大以来，习近平总书记多次引用“民惟邦本，本固邦宁”的政治格言，充分表达了“以民为本，执政为民”的治国理念。2014 年 5 月 4 日，在北京大学师生座谈会上的讲话中，习近平总书记把“民惟邦本”列为中华文化的核心理念之一。

“我将无我，不负人民”，这是习近平总书记情到深处、自然而然的一种思想流露。在“为民”这个大主题下，习近平总书记身体力行，切实为百姓做实事。从“些小吾曹州县吏，一枝一叶总关情”，到“政之所

① 本：根本。

兴在顺民心，政之所废在逆民心”，再到“利民之事，丝发必兴；厉民之事，毫末必去”……习近平总书记引用这些传统名句，展现了一位大国领袖全心为民的风范，让人备受感染。

“民惟邦本，本固邦宁。”广大党员干部要在各自的岗位上始终如一为民爱民，实实在在将群众的利益放在心上，努力为群众办实事，办好事。

樊迟问仁，子曰爱人

典出《论语·颜渊篇》第十二。樊迟问仁。子曰：“爱人。”

意思是说，樊迟问：“什么是仁?”孔子说：“爱人。”

儒家伦理思想的核心是“仁”，仁就是爱人，即仁爱。孔子主张“出门如见大宾”，待人要恭敬；“使民如承大祭”，对待人民要谨慎，都有“爱人”的意义。许慎在《说文·人部》中训为“仁，亲也，从人从二”，即二人之间的亲爱之情、人与人之间的亲爱关系就是仁，“仁”字的基本含义就是相亲相爱。孔子第一次对人与人之间的亲爱关系加以系统阐述，以“仁爱”来阐述他的基本思想。孔子要求人要充满爱心，要“己欲立而立人，己欲达而达人”；要“己所不欲，勿施于人”。孔子一生都以实现“仁”为己任，以实现“仁”为自己的最高理想。

孔子不仅以“仁爱”思想教导民众，还主张为政者要率先垂范，以“仁爱”“仁政”治国安邦。他说：“道千乘之国，敬事而信，节用而爱人，使民以时。”（《论语·学而篇》）他还说：“苟正其身矣，于从政乎何有？不能正其身，如正人何？”（《论语·子路篇》）在孔子看来，只要为政者带头施爱，且人人都有一颗仁爱之心，一个和合有序的礼治社会便不难实现。

意莫高于爱民，行莫厚于乐民

典出《晏子春秋·内篇问下》。叔向问晏子曰："意[①]孰为高？行孰为厚？"对曰：意莫高于爱民，行莫厚于乐民。又问曰："意孰为下？行孰为贱？"对曰："意莫下于刻民，行莫贱于害身[②]也。"

意思是说，叔向问晏子道："什么样的品德是最高尚的？什么样的行为是最敦厚的？"晏子答道："没有比爱护民众更高尚的品德，没有比使百姓安乐更厚道的行为。"叔向又问道："什么样的思想最低下？什么样的行为最卑贱？"晏子答道："没有比刻薄对待民众更低下的思想，没有比坑害百姓更卑贱的行为。"

"意莫高于爱民，行莫厚于乐民"，这是齐国著名思想家、政治家晏子对"民本思想"的深刻认识，2500 多年前一位士大夫仅用寥寥十二个字，便将一名国家公职人员应尽的职责做了完美阐释。

---

① 意：指思想、观念等。

② 害身：因为苛刻对民，最终殃及自身，故曰"害身"。

晏子是一个让百姓景仰的相国，他的政治活动、治国方略中，始终贯穿着一个思想，那就是以民为本，关心民利，重民爱民。晏子心中不仅装着平民百姓，他还用爱民思想来要求和衡量国君。更为可贵的是，作为齐国的相国，晏子的爱民思想并不是挂在口头上，他身体力行，躬亲示范。人民有困难，他总是奔走相告，积极帮助，济民于危难之间，救民于水火之中。在他的努力下，伤槐者、伤竹者、惊鸟的野人、养马的官员都免除了酷刑，保全了性命；逢于何的母亲得以安葬，北郭骚的母亲得以颐养天年……晏子爱民之深、爱民之切是处处见诸行动的，他也因此获得了齐国百姓的拥护和赞扬。在齐国百姓心里，晏子就是道德、礼仪、法律、智慧的化身，是齐国的国运和保护神，“晏子存而民心安”①。

中国共产党以“为中国人民谋幸福，为中华民族谋复兴”的初心和使命赢得了民心，并始终坚持全心全意为人民服务的根本宗旨，坚持以人民为中心的发展思想，在新时代，反观晏子的这句名言，仍能得到很多的启示。

---

① 《晏子春秋·外篇》。

圣人无常心，以百姓心为心

典出老子的《道德经·第四十九章》。圣人无常心，以百姓心为心。善者，吾善之；不善者，吾亦善之；德善。信者，吾信之；不信者，吾亦信之；德信。圣人在天下，歙（xī）歙[①]焉，为天下浑其心[②]。百姓皆注其耳目，圣人皆孩之。

意思是说，理想的治者，收敛自我的成见与意欲，不以主观厘定是非好恶的标准，破除自我中心去体认百姓的需求，敞开彼此隔阂的通路。理想的治者，浑厚淳朴，以善心对待每一个人，无论他是善还是不善；以诚心对待一切人，无论他守信还是不守信。这样的治者治理天下本着清静无为的原则，为了天下的百姓使自己的心志归于浑朴，不断化解自己想要有所作为的欲望。所有百姓都专注他们的视听，治者就像对待自己的孩子一样对待百姓。

---

① 歙歙：指收敛主观的意欲。

② 浑其心：使人心思化归于浑朴。

“圣人无常心”，马王堆帛书乙本写作“圣人恒无心”，老子所说的“圣人”是指符合“道”的人。

在老子看来，圣人不能有“我执”，就是不能只有自己的意志，不能从自我意志出发去决定好恶、判断是非，也不能以自我意志去评判限定百姓的意志，而要以慈悲心、博大心来关心爱护全天下的百姓，与百姓心意相通，以百姓的意志来决定自己的意志。只有这样，治者与百姓之间的隔阂才能打破、距离才能消除，这其实是一种德治，是人性化的管理。

今天看来，“以百姓心为心”，就是要站在群众的立场想问题、办事情、做决策，这既是党的性质宗旨的具体体现，更是做好群众工作的前提。“以百姓心为心”，就是要我们拿出一颗真诚火热的心来对待群众。1989 年在福建工作期间，习近平总书记在《干部的基本功——密切联系人民群众》一文中指出：“只要我们能真正代表人民的根本利益，‘以百姓之心为心’，我们的周围就会吸引和凝聚起千百万大众，还愁什么社会不稳?!”广大党员干部要深切体会这句话的真味，始终以人民“满意不满意，高兴不高兴，答应不答应”为标准，切身体会民心所向、民意所在、民生疾苦，尽心尽力地为群众出主意、想办法、谋利益。

得天下有道，得其民，斯得天下矣

典出《孟子·离娄上》。孟子曰:“得天下有道，得其民，斯得天下矣。得其民有道，得其心，斯得民矣。”

意思是说，孟子说：“获得天下的方法就是获得百姓的支持，获得了百姓的支持，也就获得了天下。获得百姓支持的方法，就是获得民心，获得民心，就会得到百姓的支持。”

古人云，“天下大势，常系民心”。古代有道的帝王都深谙这个道理。贞观初年，唐太宗曾对大臣说：“作为国君，必须先考虑老百姓的利益，如果损害百姓来奉养自身，就如割下自己大腿的肉来填塞肚子，肚子虽然饱了，人却死了。如果想安定天下，必须首先使自身行为端正。”清朝康熙皇帝也曾言：“守国之道，惟在修德安民，民心悦，则邦本得，而边境自固，所谓众志成城是也。”历数中国的王朝更迭，政治腐败、横征暴敛、民不聊生，往往是王朝易帜的主要原因。得民心者得天下，失民心者失天下，这是颠扑不破的历史真理。

古人说："一切为民者，则民向往之。"世界上有一种宝贵的东西，它看不见、摸不着，却能影响一个执政党的前途和命运。赢得了它，执政党就有了优势和资本；失去了它，执政党就濒临危险的境地。这就是民心。1949 年 4 月 21 日，中国人民解放军占领了国民党中央政府所在地南京。这是一场实力悬殊的战争，国民党兵力是共产党的 3 倍，控制着全国几乎所有的大城市和主要交通干线、几乎全部的现代工业以及全国 75% 的土地和 71% 的人口。但最终的胜利者却是中国共产党。共产党凭借什么赢得了胜利？答案是民心。在战役中，各解放区人民以源源不断的人力、物力给予前线空前规模的支援，创造了人类战争史上罕见的奇观。陈毅曾深情地说过：淮海战役的胜利，是人民群众用小车推出来的。得民心者得天下，这是千古不易的真理！

得道者多助，失道者寡助

典出《孟子·公孙丑下》。故曰，域民不以封疆之界，固国不以山溪之险，威天下不以兵革之利。得道者多助，失道者寡助。寡助之至，亲戚畔之。多助之至，天下顺之。以天下之所顺，攻亲戚之所畔，故君子有不战，战必胜矣。

意思是说，巩固国防不能靠山河的险要，震慑天下不能靠武力的强大。能施行“仁政”的君主，支持帮助他的人就多，不施行“仁政”的君主，支持帮助他的人就少。支持帮助他的人少到了极点，连内外亲属也会背叛他；支持帮助他的人多到了极点，天下人都会归顺他。

孟子通过论述巩固国防的问题，引出了“得道多助，失道寡助”的观点。在孟子看来，“民心向背”对于国防、战争具有根本性的意义，对于政治也具有同样重要的意义。

被明代思想家李贽誉为“千古一帝”的秦始皇，

灭六国，统一中国，北筑长城以抵御敌人，以华山为城墙，以黄河为护城河，自以为关中之坚固，足以成就子孙帝王千秋万世之功业。结果如何呢？陈胜、吴广揭竿而起，强秦不过二世而亡。应该说，秦朝的国家机器不可谓不强大，政治制度不可谓不完善，有 2000 多年后的今天还在采用的郡县制；军队不可谓不顽强，曾经打败了韩、赵、魏、楚、燕、齐六国联军；谋士不可谓不睿智，曾经破坏了六国的合纵战略。陈胜，富比不上六国任何一个君主，军队不如六国的军队训练有素，武器不比六国军队的武器更锋利，谋士也不比六国的谋臣更高明，完全是一个平民。贾谊在《过秦论》中这样描述："然陈涉瓮牖绳枢之子，氓隶之人，而迁徙之徒也；才能不及中人，非有仲尼、墨翟之贤，陶朱、猗顿之富；蹑足行伍之间，而倔起阡陌之中，率疲弊之卒，将数百之众，转而攻秦，斩木为兵，揭竿为旗，天下云集响应，赢粮而景从。山东豪俊遂并起而亡秦族矣。"然而，就是这样一个才能平平的平民，揭竿而起，竟然应者云集，最终把强大的秦朝给灭了。"一夫作难而七庙隳，身死人手，为天下笑者，何也?"就是因为不施行仁政而使攻守的形势发生了变化。秦朝时赋税徭役严苛，始皇帝征匈奴，讨南越，修阿房宫，建直道，连长城，各种工程齐上阵，民众徭役众多，民怨人怒，最终灭亡。诚可谓得道者多助，失道者寡助啊！

古人说“前事不忘，后事之师”，古往今来，民心向背始终是国家治乱兴衰的决定性因素。1949 年 5 月 1 日，毛泽东和柳亚子有一段对话。柳亚子说：“我们都很清楚，蒋介石早晚是要垮台的，共产党要胜利这是肯定的。但是，我们没有想到胜利会这么快，不知道毛主席用的是什么妙计啊?”毛主席回答说：“人民的支持是最大的妙计。”据统计，淮海战役中，华东、中原、冀鲁豫、华中四个解放区前后共出动民工 543 万人。“最后一碗米用来做军粮，最后一尺布用来缝制军装，最后的老棉被盖在担架上，最后的亲骨肉送到战场上。”老百姓们正是唱着这样的歌谣、推着小推车勇往直前冲向战场，这再次印证了得道多助的千古名论。

巧言令色，鲜矣仁

典出《论语·学而篇》第一。子曰："巧言令色，鲜①矣仁。"

意思是说，孔子说："花言巧语，一副讨好人的脸色，这样的人是很少有仁德的。"

巧言令色的人为什么仁德很少呢？

孔子认为，花言巧语装模作样的人，在巧舌如簧的背后，总掩藏着不可告人的目的，或为了谋取高官厚禄，或为了骗取钱财，或为了博得别人的好感，或为了显示自己的不凡，等等，不一而足。因此，孔子又说："巧言、令色、足恭，左丘明耻之，丘亦耻之。匿怨而友其人，左丘明耻之，丘亦耻之。"意思是说，花言巧语、满脸堆笑、点头哈腰，不光左丘明认为可耻，我也认为可耻。明明心中存有怨恨却还是跟人交朋友，左丘明认为可耻，我也认为可耻。

---

① 鲜：少。

在孔子看来，正人君子是坦率的、真诚的，言和行应该是统一的。从实际来看，孔子门徒众多，大都是踏实、正直、真诚的人，做人做事严谨认真，其中能说会道者不多，曲意逢迎、卖乖取巧更是不被其门风所容。当然，说话让人听着舒服并不是短处，表情恭顺一点也无可厚非，甚至是与人相处所需要的，只要这舒服和恭顺是真诚的、发自内心的就没问题。问题在于，有些“巧言令色”之人，心里想的和嘴上说的，根本就是两码事，口若悬河、滔滔不绝、花言巧语的背后是口蜜腹剑，是居心不良，甚至是用心险恶。

对党员干部来说，不做“巧言令色”的人，就是指做人要忠厚老实，做事要踏踏实实，跟群众打交道的时候，不要油腔滑调耍嘴皮子，要用真诚来赢得民心。

天下之治乱，不在一姓之兴亡，而在万民之忧乐

典出《明夷待访录·原臣》。盖天下之治乱，不在一姓之兴亡，而在万民之忧乐；是故桀、纣之亡，乃所以为治也；秦政、蒙古之兴，乃所以为乱也；晋、宋、齐、梁之兴亡，无与于治乱者也。为臣者，轻视斯民之水火，即能辅君而兴，从君而亡，其于臣道，固未尝不背也。

意思是说，天下的治平或动乱，不在于某一姓之人的兴亡，而在于万民的忧愁或欢乐。因此，夏桀、商纣的灭亡，被认为是天下治平；秦始皇、元朝的兴起，被认为是天下动乱；东晋，南朝宋、齐、梁四朝的兴亡，与天下的治乱没有关系。做臣子的人如果不重视百姓的疾苦，即使辅助国君立国，跟随国君去死，其对为臣之道也不能说没有违背。

天下的治平或动乱，不在于某一姓之人的兴亡，而在于万民的忧愁或欢乐。

堂堂大汉，朝兴四百年，但刘姓江山止亡于汉献

帝。嬴秦氏包举海内，一统天下，但随着陈胜吴广揭竿而起，国号易帜。李唐王朝诞生之初，气势何等煊赫，然而后期一旦不关心民之疾苦，失去民心，便改朝换代了。

“得众则得国，失众则失国”，民心是最大的政治，这是千古不灭的真理。关心百姓疾苦，关心百姓忧乐，“善为国者，遇民如父母之爱子，兄之爱弟，闻其饥寒为之哀，见其劳苦为之悲”，抱守这样的情怀，“心中为念农桑苦，耳里如闻饥冻声”，在感情上贴近群众，在态度上尊重群众，在工作上依靠群众，急百姓之所急、想百姓之所想，就能真正赢得群众的信任和拥护。

晏子立人臣之位，而安万民之心

典出《晏子春秋·外篇》。晏子存而民心安，此非一日之所为也，所以见于前信于后者。是以晏子立人臣之位，而安万民之心。

意思是说，晏子在，老百姓的心就感觉安定，这不是一天就能做到的，是因为百姓见识了晏子之前所做的事情。所以说，晏子虽然处在相国的位置，却能够安定齐国百姓的心。

晏子立人臣之位安万民之心是有史料为证的。有一次，齐庄公关上城门，准备去攻打莒国。满城的人以为发生了叛乱，都拿着长枪大刀，站到了大路口。齐庄公就招来睢休相问怎么回事，睢休相回答说："明明没有叛乱而人们却以为有，那是因为有仁德的人不在这里。请您向都城传布命令，就说晏子在这里呢。"齐庄公说："好吧。"于是向都城传布命令："谁说都城有叛乱？晏子在这里呢。"都城的人听到这句话，都收起兵器回家了。在齐国百姓心中，晏子就是妥妥的"定海神针”。

晏子能做到安万民之心不是一日所为，长期以来，齐国百姓感受到了他的仁心、勤政、廉洁，才拥护和信任他。《晏子春秋》里面关于晏子爱民为民的故事有很多。比如“景公衣狐白裘不知天寒”的故事，说的是有一年冬天，天气非常寒冷，大雪下了三天三夜。齐景公穿着裘皮大衣，望着皑皑白雪，高兴地对晏婴说：“这银白色的景致实在美极了，要是再多下上几天，该有多好啊！”晏婴听后若有所思，对景公说：“我听说，贤明的君主，吃饭的时候会想到自己的子民中是不是还有人在挨饿；穿暖和衣服的时候，总会想到自己的子民中是不是还有人在受冻。”晏子巧妙地拿古代贤君做比较，言简意赅。景公闻过则喜，下令开仓拿出衣服、粮食，赈济贫寒的百姓。再比如“假脚成为抢手货”的故事，说的是景公在位时，刑律非常多，而且非常严酷，致使许多人遭到砍脚的处罚。面对这项苛政，晏子一直想进谏。机会终于来了。齐景公问晏子：“您住在集市附近，知道什么东西贵，什么东西便宜吗？”晏子说：“当然知道。假脚贵而鞋子便宜。”齐景公大吃一惊：“为什么？”晏子说，因为犯了刑律被砍断脚的人比比皆是，鞋子对他们来说没有用，不如假脚来得实在。晏子从爱民思想出发，主张要体恤民情，减轻刑罚，明确提出了处罚的原则：“弛刑罚——若死者刑，若刑者罚，若罚者免”。即该判死刑的人以肉刑代替，该受肉刑的以罚款代替，该罚款的就免了。景公听完后，减轻了刑戮。

就是在这日复一日，年复一年，为百姓办的一件又一件实事中，晏子才以“己心”赢得“民心”。这让人不由自主地想起郑板桥的那首诗：“衙斋卧听萧萧竹，疑是民间疾苦声。些小吾曹州县吏，一枝一叶总关情。”虽然我们只是些小小的州县官吏，但是老百姓的一举一动都牵动着我们的心。新时代如何做到“安万民之心”？就是要坚持以人民为中心的发展思想，坚持问题导向，锚定人民对美好生活的向往，回应人民各方面诉求和多层次需要。

第五章 清正廉洁 公私分明

——秉公用权的智慧

“廉”，篆文为䳰，是一个形声字。《说文解字》：“廉，仄也。从广、兼声。”从“广”，即与房屋有关，段玉裁注曰：“堂之侧边曰廉，故从广。”在古代，房屋的建筑格局通常是堂室结构，即我们常说的“前堂后室”。堂三面有墙，南面对着庭院无墙敞开，而廉就是指堂南面的边角。既然是边角，就会有棱有角，因此段玉裁注曰:“堂边有隅有棱，故曰廉。”其引申为“清也、俭也、严利也”。大约西周到春秋时期，“廉”字的含义被引申到政治领域，表示清白、公平、简约、方正、高洁、明察。古代“廉”字义项颇多，但基本的有清正、清白、高洁、不贪、节俭等。

“廉”作为中国古代伦理的重要范畴，是对为官者从政道德的基本要求。《尚书·皋陶谟》记载，舜帝时代的重要谋臣皋陶提出为官做人应遵从“九德”，其中之一就是“简而廉”，这是关于廉政思想观念的最早记载。这说明早在上古时期，我国的廉政思想就已经萌芽了。从西周提出考察官吏政绩的“六廉”说，到春秋战国时期孔子的仁政，法家代表人物管仲提出的“礼义廉耻，国之四维；四维不张，国乃灭亡”，到晏子提出的“廉者，政之本也”等，历朝历代的思想家、政治家围绕廉政话题提出了许多思想。

传统的廉政文化是党风廉政建设的宝贵资源，充分挖掘传统廉政文化的当代价值，可以涵养共产党人的廉洁操守，厚植共产党人的廉洁素养，为推进反腐倡廉、党风廉政建设提供有益滋养和帮助。

廉者，政之本也

典出《晏子春秋·内篇杂下》。廉者，政之本也；让[1]者，德之主也。廉之谓公正，让之谓保德，凡有血气者，皆有争心，怨利生孽，维义可以为长存。且分争者不胜其祸，辞让者不失其福。

意思是说，廉洁，是为政的根本；谦让，是美德的主体。廉洁也是公正，谦让是一种美德。凡是血气方刚的人，都有争强好胜之心，一味积敛财货就会生出祸害，只有正义才可以长久保全自己。喜欢纷争的人会不断生出灾祸，而谦让的人不会失去福分。

“廉者，政之本也，民之惠也。”晏子把“廉”看作为政的根本，并深刻揭示出了“廉”之于“政”的重要意义。有一次，齐景公问晏子：“廉政而长久，其行何也?”说的是要想做到政治廉洁而长久运行，它的行为像什么呢？晏子回答说：“其行水也。美哉水乎清

① 让：谦让。

清，其浊无不雩途，其清无不洒除，是以长久也。”为政者只有施行廉政，才能实现政权的长治久安。这一观点在《汉书》中也有提及:“吏不廉平，则治道衰。”官吏如果不廉洁正直，政治就会衰败。《清实录·世祖实录》卷九说:“国之安危，全系官僚之贪廉。官若忠廉，则贤才向用，功绩获彰，庶务皆得其理，天下何患不治。”这些论述，都强调了“廉为政本”的思想，也给为政者提出了为官要廉洁的要求。

官员廉洁则政治清明，官员腐败则政权危矣。远的不说，近看一些国家，政党垮台、政权解体、政治动荡，官员贪污腐败是其中一个重要因素。堡垒往往是从内部被攻破的，苏联解体、苏共垮台就是一面镜子，尽管其垮台是多因素合力的结果，但不可否认的是，苏联党内逐渐形成的特权腐败是一个重要因素。在干部集团日益腐化的大背景下，苏联内部出现了一个官僚特权阶层。他们以权谋私、堕落腐化。冯梦龙在《东周列国志》结尾中是这样写的：“纵观千古存亡局，尽在朝中任佞贤。”真的是一语道破天机，廉洁则政兴，腐败则政息。

中国共产党是马克思主义政党，自成立伊始，就把清正廉洁这一政治品格写在了自己的旗帜上。1936 年，美国记者斯诺秘密访问延安时，被共产党人的清贫、廉洁精神所感动。他断言这种作风会产生一种伟大的力量，他将这种力量称为“东方魔力”。1949 年，国民党反动政权即将崩溃之时，时任美国驻华大使司徒雷登对国民党的军官说：“共产党战胜你们的不是飞机大炮，而是廉洁，是靠廉洁换得的民心。”这说明廉洁清正不仅是一种崇高的精神，也是一种战无不胜的力量，是政权稳固的基石。

公生明，廉生威

典出明代年富的《官箴》。吏不畏吾严而畏吾廉，民不服吾能而服吾公；廉则吏不敢慢，公则民不敢欺；公生明，廉生威。

意思是说，官吏是否敬畏我，不在于我是否严厉，而在于我是否廉洁，百姓是否信服我，不在于我是否有才能，而在于我办事是否公正；处事公正，官吏不敢有所怠慢，做人廉洁，百姓不敢有所欺骗；处事公正就能够明辨是非，秉公办事就能获取民众的信任。做人廉洁就能够形成威力，让人信服，从而得到百姓的拥护和支持。

“公生明，廉生威”是明清官吏用以修身自省的座右铭，源于理学家曹端倡导的为政“公廉”的理念。《明史》记载，霍州同知郭晟向曹端请教为政之道，曹端说：“其公廉乎。公，则民不敢慢；廉，则吏不敢欺。”

明代中后期，朝政黑暗，特权横行，法令松弛，行政腐败。史书记载：当时的京官大肆贪污，向下级官员索贿或接受馈赠。各省总督、巡抚馈赠一次可10倍于朝廷年俸。一级有一级的馈赠，一级搜刮一级，排到七品芝麻官便直接搜刮老百姓。郭允礼任无极知县，其志向远大，讲求礼仪，治政有方，尤为清廉。身为明朝知县，郭允礼有感而发，写下了掷地有声、名传千古的“官箴”：公生明，廉生威，并且将石碑立于县衙旁。这位七品芝麻官道出了为官之本莫过于两点：一是公，二是廉。一个封建士大夫，在四百多年前能有如此的感悟，能如此坚守节操，实在难能可贵。

公生明，廉生威，正则服人。为政者如果做到清廉无私，那么威严自生，必然会产生不怒自威、吏不敢慢的效果。不仅如此，领导干部的清廉也会对下属的贪污腐败起到一定的震慑作用。因此，为政者须谨记古训，时时警醒，始终保持清廉形象。

一曰慈，二曰俭，三曰不敢为天下先

典出老子的《道德经·第六十七章》。天下皆谓我："道大，似不肖。"夫唯大，故似不肖。若肖，久矣其细也夫！我有三宝，持而保之。一曰慈，二曰俭①，三曰不敢为天下先。慈故能勇；俭故能广；不敢为天下先，故能成器②长。

意思是说，天下人都说道很大，好像没有具体的形象。只有大形，所以能成无形，若有形，早已成为细小了。我有三件宝贝，持有而珍重它。第一件叫慈爱，第二件叫节俭，第三件叫不敢处在众人之先。慈爱所以能勇武；节俭所以能宽广；不敢处在众人之先，所以能成为万物的尊长。

老子的三件宝贝，是品格，是警示，也是流传千古的智慧。其中第二件宝贝，节俭，是为官者最应该具备的品格。清代段玉裁在《说文解字注》中指出："廉之

---

① 俭：有而不尽用。

② 器：万物。器长：万物的尊长。

言敛也。引申为清也、俭也、严利也。”因此，“节俭简朴”是廉的基本内涵之一。

为什么说“为官清廉在于俭”？俗话说，俭则廉，奢则贪。关于俭和廉之间的内在关联，历代大儒有很多深刻论述，如清代觉罗·乌尔通阿在《居官日省录》中这样分析道，为官者如若“金樽玉辂，器必精工；细葛轻裘，服必华丽”。清人汪辉祖在《学治臆说·卷下》说得更加透彻：“用财宜节，不节必贪。人即不自爱，未有甘以墨败者。资用既绌，左右效忠之辈进献利策，多在可以无取、可以取之间。意谓伤廉尚小，不妨姑试，利径一开，万难再窒。情移势逼，欲罢不能。或被下人牵鼻，或受上官掣肘，卒之利尽归人，害独归己。败以身徇，不败亦殃及子孙，皆由不节之一念基之。故欲为清白吏，必自节用始。”这些论述从不同角度道出一个道理：俭以养廉，奢侈必然导致贪污腐败。穷奢极侈、挥霍无度的石崇，是西晋时期有名的富豪。而他的财富，皆是搜刮的民脂民膏，石崇通过非正常手段，获取巨额不明财产，富甲一方。因此，明初名儒宋濂指出“非俭无以养廉”，诸葛亮也说过“静以修身，俭以养德”，从这个意义上说，老子“三宝”是极具智慧的，也是极具远见的。

当前，中国已经成为世界第二大经济体，国富民强，生活水平极大提高，但节俭朴素之风不能丢。2012年12月4日，中共中央政治局召开会议，审议并通过了中央政治局关于改进工作作风、密切联系群众的八项规定，其中提到“厉行节约，反对铺张浪费。严禁提高会议用餐、住宿标准，严禁组织高消费娱乐、健身活动”，就是为了刹住奢侈腐化之风，弘扬清廉为民的作风。从这个角度来说，老子的三件宝贝给我们的启示是深刻的，也是深远的，更是宝贵的。

利在一身勿谋也，利在天下者必谋之

典出五代十国钱镠的《钱氏家训·国家》。利在一身勿谋也，利在天下者必谋之；利在一时固谋也，利在万世者更谋之。

意思是说，如果只是对自己一个人有利，那么就不要去谋划；如果对天下人都有利，那么就一定要尽心谋划。利益只是眼前的，则不必费心；反之，是万世的利益，当尽心去谋划。

“利在一身”与“利在天下”两者并不一定矛盾，但当个人利益与集体利益冲突时，个人利益要服务于集体利益。以孔子为代表的儒家倡导“仁者爱人”，并将仁爱思想推而广之，要求“以天下为己任”。我国古代很多先哲圣贤以此为出发点，将“为天地立心，为生民立命，为往圣继绝学，为万世开太平”作为自己的理想追求，激荡着灵魂深处的社会责任感和历史使命感。可以说，“利在天下者谋之”饱含强烈的社会责任感，经天纬地、利济苍生，体现出对国家天下的强烈的担当意识和济世情怀。

历史的长河中，总有一些人，不计一己之私、一己之利，为天下人谋之。屈原的“长太息以掩涕兮，哀民生之多艰”，范仲淹的“先天下之忧而忧，后天下之乐而乐”，顾炎武的“天下兴亡，匹夫有责”，林则徐的“苟利国家生死以，岂因祸福避趋之”等，他们超越了个人的局限，为民生、为天下谋福利。

中国共产党从诞生的那一天起，就胸怀为天下谋之的初心。建党之初的50多名党员中，留学日本的18人，北京大学的17人，其他大学的8人；从职业看，他们中有教师、教授、报业人员、律师等。这些家境优渥、衣食无忧的共产党人，为什么甘愿冒着被杀头的危险去革命？他们为的是个人利益吗？非也。他们不是为了“个人”，而是为了“大家”。1925年12月5日，毛泽东在《政治周报》创刊词中已经明确回答了这个问题：“为什么要革命？为了使中华民族得到解放，为了实现人民的统治。”

邓中夏，曾协助李大钊创建北京共产党早期组织，在党的二大上被选为中央委员，曾担任中国劳动组合书记部主任等职务。1920年，他从北京大学毕业，面临着人生选择。他的父亲当时在北洋政府行政院做书记，托人在北洋政府农商部给他谋了一个官职。大学生一毕业就能到中央政府机关做事，非常令人羡慕。邓中夏从父亲手里接下了农商部的聘书，但出人意料的是，第二天他就悄悄地把这个炙手可热的聘书寄还给了农商部。父亲知道后质问他，他回答道："我不做官，我要做人民的公仆……开创一个人人有饭吃、人人有衣穿的新天地。"紧接着，又一个好机会摆到了邓中夏的面前，当时上海的穆藕初看到中国学术落后，决定捐银一万两，委托蔡元培、胡适等人挑选一批英才，送到欧洲留学。邓中夏被选中。面对这个更加难得的机会，邓中夏还是婉言谢绝了。

无论是入仕做官还是出洋镀金，都是当时相当多大学生的人生理想，邓中夏为什么会做出这样的人生选择？我们在他写的一首诗《过洞庭》中不难找到答案："问今为何世？豺虎满道路。禽猕歼除之，我行适我素。""问将为何世？共产均贫富。惨淡经营之，我行适我素。"在他的心目中，他要为创建一个"共产均贫富"的理想社会而努力，而奉献，而牺牲。1933 年 5 月，因叛徒出卖，邓中夏不幸被捕。在临终遗言中，他这样说道："一个人能为了最大多数中国民众的利益，为了勤劳大众的利益而死，这是虽死犹生，比泰山还重。"

在党的一百多年的历史长河中，像邓中夏这样"谋在天下"的共产党人如群星般璀璨。中国导弹之父钱学森，不顾自身安危，不计个人得失，在荣华富贵和爱国清贫中选择了为中华民族之崛起而奋斗。还有杨善洲、黄大年、李保国，等等，一个个闪亮的名字生动诠释了什么叫"利在一己不谋，利在天下谋之"。吾辈当自强，让我们踏着先辈的足迹，胸怀中华民族伟大复兴的中国梦，矢志奋斗吧！、

廉者，民之表也

典出宋代包拯的《包孝肃奏议集·乞不用赃吏疏》。廉者，民之表①也；贪者，民之贼也。

意思是说，廉洁的官吏，是人民的表率；贪赃枉法的官吏，是人民的盗贼。

包拯，被誉为“包青天”，是我国历史上有名的清官之一。“包公”一词也成为清官的代名词。

包拯之所以给仁宗皇帝上这篇“奏疏”，是因为宋朝官吏繁多，且朝廷对官吏的优待以及对其犯罪的宽宥是空前的。宋仁宗时代，贪官污吏被揭发，或重罪轻判，或早上撤职，晚上复位，或行贿投靠，易地做官。吏治败坏，得不到有效惩治，日炽一日。包拯对此忧心如焚，于是在任监察御史时，上了这篇“奏疏”，疾呼“廉者，民之表也；贪者，民之贼也”。包拯这句话，既是对北宋政坛清廉的呼唤，又是对贪官污吏的强烈

① 表：表率。

斥责。

包拯一生清正廉明，不附权贵。康定二年（1041），包拯升任岭南端州知州。话说端州盛产一种名贵的特产——端砚，“易发墨，不损毫”，用端砚磨出来的墨汁“隆冬不冰”，写在纸上“虫蚁不蛀”。从唐代起，端砚就被列为朝廷贡品，供皇帝御用。当时，端州的不少官员为求升官晋级，用端砚去贿赂朝中的权贵。一日，一位权贵亲临州府，送包拯一方石砚，说道：“大人每日躬笔耕耘，急需上砚。现送得一方，呈与大人，以为万民造福。”包拯坚辞不受。后来，又有人来送端砚，他开玩笑拒绝道：“如今我来到产端砚的端州，便收端砚；明日去产金的金岭，又收金子。我岂不成了天下鼎鼎富有的珍玩大盗吗？”

包公卸任时，未带走一砚。民间还流传着包公“掷砚成洲”的故事。宋仁宗庆历三年（1043），包拯任职期满离肇庆赴京（开封）时，船出羚羊峡，突然波浪翻腾，狂风骤起，一块黄布被风刮出。包公查问手下，原来是端州砚工为了表达他们对包公体恤民情的敬仰，托人送来了一方用黄布裹着的端砚。包拯眉头紧锁，拿起砚台，连同黄布掷往江中，一脸正色地说：

“端砚是端州的，现在我将它归还于端州人民。”包公掷砚，扔掉的是有价的端砚宝物，彰显的是大“公”和大“廉”，留下的是“不持一砚归”的高尚官德。

包拯用一生的清白和廉洁向为官者传递了一个千古不易的道理：居官者要廉而不贪，洁身爱民，做老百姓的道德表率，才能正本清源。

是以圣人去甚，去奢，去泰

典出老子的《道德经·第二十九章》。将欲取天下而为之，吾见其不得已。天下神器，不可为也，为者败之，执者失之。夫物或行或随、或觑或吹、或强或羸、或挫或隳（huī）①。是以圣人去甚②、去奢、去泰。

意思是说，一心想将天下据为己有随个人意志而动，视天下为己物强取豪夺，是不会得逞的。天下是神圣的，不是随心所欲，想怎样就怎样的；也不会被别人的意志左右。勉强作为就会失败，用力把持就会失去。因此，圣明的人能顺应自然而行，无为而治，自然不会有什么得失之忧。万事万物各有其性，各有其成长之道，有前有后，有缓有急，有刚强有羸弱，有成就有毁坏。所以，圣明的人处事会去除极端，去除侈靡，去除过度的东西而得道。

老子所言，圣人要三“去”：一是去“甚”，即圣

---

① 隳：毁坏。

② 甚：非常的、极端的。

人治国不过分、不过头，应量力而为；二是去“奢”，不要奢侈无度，不要铺张浪费；三是去“泰”，不要过分骄纵，不要飞扬跋扈。河上公注：“甚谓贪淫声色，奢谓服饰饮食，泰谓宫室台榭。”老子的三“去”突出一个“甚”字，告诫世人，凡事不可太过分，否则事物会走向它的反面。夏朝最后一位君主夏桀，骄奢淫逸，残暴荒虐。他喜欢奢靡的生活，命人在皇宫之中修建了九根用黄金打造的柱子，每根柱子都星光熠熠。夏桀命人修建酒池，他偶尔会划着船，船头和船尾载着美女，穿梭在酒池之中，嬉笑玩乐。夏桀举行宴会的宫殿可以容纳三千多人玩乐，他命令文武百官和参加宴会的人，伸着脖子在酒池中喝酒，在鼓乐队的音乐声中，三千人一同喝酒，场面十分壮观。夏桀的“甚”“奢”“泰”，最终葬送了一个王朝。每个朝代灭亡似乎都伴随着一个骄奢淫逸的君王。

隔着几千年的光阴，老子的告诫依然振聋发聩。历览前贤国与家，成由勤俭败由奢。奢侈、享乐、安逸是最危险的东西，它没有牙齿，却可以吃掉你的理想；它没有双脚，却可以引导你走向歧途；它没有砒霜，却可以毒害你的情操、意志和人格。多少贪官在“甚”

“奢”“泰”面前丧失了定力和本心，栽倒在石榴裙下，拜倒在金钱的泥淖中，最后被吞噬。“去甚，去奢，去泰”是老子留给我们的人生智慧，今天运用仍不过时，且常用常新。

从官重公慎，立身贵廉明

典出唐代陈子昂的《座右铭》。从官重公慎，立身贵廉明。

意思是说，做官要注重公正和谨慎，立身行事贵在廉洁和清白。

古人一句“从官重恭慎，立身贵廉明”，道出了“为政之德、为人之道”的精髓。做人、做官、做事，本就是一个有机的整体，百善孝为先，万事德为重，为官廉明为本。

为官廉明，首先要认识到权力的来源，权力是人民赋予的，自然应该为人民服务。权力是公器，对待这个公器，应该有所敬畏，应该时刻秉持如履薄冰、如临深渊的恭敬和谨慎。习近平总书记在《之江新语》中指出：“中国古代有一种哲理：国家之权乃是‘神器’，是个神圣的东西，非‘凡夫俗子’所能用。党员领导干部务必珍惜权力、管好权力、慎用权力。为官用权，若能正确理解‘权力是个神圣的东西’，无疑是国家之幸，群众之福。”心中有敬畏，行为才能有底线，才能守住廉洁和清白。君不见，腐败官员之所以锒铛入狱，就是栽在了“不公慎”“不廉明”上。因此，牢记为官立业之本，加强共产党员的品德修养，不仅是执政为民的需要，也是立身做人的需要。

物必先腐也，而后虫生之

典出《古文观止·卷十·范增论》。羽之杀卿子冠军①也，是弑义帝之兆也。其弑（shì）② 义帝③，则疑增之本也，岂必待陈平哉？物必先腐也，而后虫生之；人必先疑也，而后谗入之。陈平虽智，安能间④无疑之主哉？

意思是说，项羽杀宋义，是谋杀义帝的先兆。他杀义帝，就是怀疑范增的根本，难道还要等到陈平去离间吗？物品必定是先腐烂了，然后才能生出虫子；人必定是先有了疑心，然后才能听得进谗言。陈平虽说智慧过人，又怎么能离间没有疑心的君主呢？

---

① 卿子冠军：即宋义，为义帝所封，被项羽所杀。卿子：当时对人的尊称。冠军：指地位在其他将领之上的上将。

② 弑：古时称臣杀君，子杀父为弑。

③ 义帝：指楚怀王的孙子熊心。秦国曾将楚怀王扣留，后楚怀王客死秦国，楚国灭亡后，熊心隐藏在民间替人牧羊。前 208 年，范增向项羽的叔父项梁献计，拥立楚怀王的后代，并仍称怀王，以争取民心。项梁听从范增之计，在民间找到熊心，拥立之。后项梁战死，项羽自立为西楚霸王，尊楚怀王熊心为义帝。

④ 间：离间。

事情的发生总有内因和外因，内因是事物发展变化的内在原因，是第一位的原因，外因是事物发展的外部条件，外因通过内因而起作用。项羽杀宋义、杀义帝之前，其实就已经怀疑范增，有了杀掉范增之心，这是内因，陈平的反间计只不过是外因，起到推波助澜的作用罢了。

“物腐——虫生”揭示了“物类之起，必有所始”的因果之链，首先有了滋生细菌、病害的温床，瘟疫才会成长蔓延，事物的毁灭往往在于自身，物自败，尔后虫生，物不腐，虫何以生？也就是说，事物的兴衰存亡，有内因，也有外因，但内因是决定性因素。同样的道理，领导干部的腐化堕落首先是从自身的蜕变开始的，或恋权，或贪钱，或好色，或嗜酒，欲壑难填，缺口一旦打开，防线一旦失守，就会以权谋私，不能自已，最终身败名裂。

市场经济时代，领导干部身处各种诱惑之中，稍有不慎，便可能会被围猎。在战争年代，敌人的真枪实弹或许容易躲避，在和平年代，不见用真枪实弹威胁我们生命的敌人，但是用“糖衣裹着的炮弹”的敌人依然存在。不少领导干部特别是高级干部，年轻时也曾吃过苦，流过汗，战胜过各种困难挫折和压力挑战，却在糖衣炮弹面前吃了败仗。这固然与外部环境的腐蚀渗透不无关系，但更重要的也是最根本的一点，就是其自身正气不足，定力不够。

俗话说，苍蝇不叮无缝的蛋。毛主席早在七届二中全会上警醒过我们："可能有这样一些共产党人，他们是不曾被拿枪的敌人征服过的，他们在这些敌人面前不愧英雄的称号；但是经不起人们用糖衣裹着的炮弹的攻击，他们在糖弹面前要打败仗。我们必须预防这种情况。"要想在和平年代不被糖衣炮弹打败，就要反求诸己，培养邪不可干的精神气概，加固自己党性的城堡、道德的城堡，身润而神强，杜绝"邪秽在身"的朽败。

予独爱莲之出淤泥而不染

典出宋代周敦颐的《爱莲说》。水陆草木之花，可爱者甚蕃①。晋陶渊明独爱菊。自李唐②来，世人甚爱牡丹。予独爱莲之出淤泥而不染，濯③清涟④而不妖，中通外直，不蔓⑤不枝，香远益清，亭亭净植，可远观而不可亵（xiè）⑥ 玩焉。

意思是说，水上、陆地上各种草本木本植物的花，值得喜爱的非常多。晋代的陶渊明唯独喜爱菊花。从李氏唐朝以来，人们大多喜爱牡丹。我唯独喜爱莲花，它从淤泥中长出却不被污染，经过清水的洗涤却不显得妖艳，它的茎内空外直，不生蔓不长枝，香气远播更加清香，笔直洁净地立在水中。人们只能远远地观赏它，而不能轻易地玩弄它。

---

① 蕃：多。
② 李唐：指唐朝。唐朝皇帝姓李，所以称为“李唐”。
③ 濯：洗涤。
④ 清涟：水清而有微波，这里指清水。
⑤ 蔓：长枝节。
⑥ 亵：亲近而不庄重。

世间草木之花，好看可爱的有很多，特别是唐朝以来，人们大多喜欢雍容华贵的牡丹，但是周敦颐独独喜欢冰清玉洁的莲花，甚至到了痴迷的程度。据史料记载，他为官时期，曾在府署东侧挖池种莲，取名为爱莲池，池宽约有十丈，中间有一石台，台上有六角亭，两侧有“之”字桥。盛夏时节，他常漫步池畔，欣赏着缕缕清香随风飘逸的莲花，口诵着自己写的《爱莲说》。自此，莲池闻名遐迩。

周敦颐喜欢莲花，是因为“莲，花之君子者也”，周敦颐借花喻人，以莲花的品格砥砺名节，表达了自己特立独行的高尚品德和清廉之志。周敦颐认为为官者应该洁身自爱、持廉重节，这样才能保持人格的独立。周敦颐在官场三十年，所追求的是为百姓说话，为政清廉，不阿谀奉承。

宋英宗治平二年（1065），他在今湖南永州做通判时距离家乡很近。周家本族的乡亲们听到这个消息非常高兴，认为终于可以沾上他做官的光了。于是，族人就派人去见他，并提出了一些要求。周敦颐婉拒了族人的请求并赋诗一首：“老子生来骨性寒，宦情不改旧儒酸。停杯厌饮得醪味，举箸常餐淡菜盘。事冗不知筋力倦，官清赢得梦魂安。故人欲问吾何况，为道舂陵只一般。”这首诗表达了他不接受家乡人宴请，也不会利用手中权力为家乡人办私事的想法。说白了，他就是要坚持公正廉洁的原则，绝不徇私枉法。看到他义正词严的态度，家乡人很不高兴，认为他不讲情面，不通人情世故。为此，周敦颐又写了一篇非常短小的散文来表明自己的人生态度：“或谓予曰：‘人谓子拙。’予曰：‘巧，窃所耻也，且患世多巧也。’喜而赋之曰：巧者言，拙者默；巧者劳，拙者逸；巧者贼，拙者德；巧者凶，拙者吉。呜呼！天下拙，刑政彻。上安下顺，风清弊绝。”大意是说，如果当官都能“守拙”而不是取巧，则官场风清气正，百姓可安。这一从政思想影响了很多人，以至后人刻《拙赋》于石碑，并建“拙堂”。

周敦颐虽在各地做官，但俸禄甚微，为官几十年，淡泊名利，一心为民。有一次，他得了暴疾昏死过去，家里人以为他没救了，整理他的“遗物”时发现，他那只破箱子里只有几件旧衣服和几本书。周敦颐的一生，正是莲之品格的写照。黄庭坚在《宋史·周敦颐传》中称赞他“人品甚高，胸怀洒落，如光风霁月。廉于取名而锐于求志，薄于徼福而厚于得民，菲于奉身而燕及茕嫠，陋于希世而尚友千古”。

贪如火，不遏则燎原

典出《韩非子·六反》：贪如火，不遏则燎原；欲如水，不遏则滔天。

意思是说，贪念如同大火，如果不加遏制的话就会迅速蔓延；欲念如同洪水，如果不控制的话就会造成滔天的灾祸。

“贪”字的上边是个“今”，下边是个“贝”。《说文解字》的解释是“欲物也”。《释名》解释“贪，探也。探入他分也”，就是把手伸到别人口袋里，拿了不该拿的钱。一个人不论从事何种职业，不论官职大小，不论穷富，戒欲遏贪是十分必要的。

贪念如火，如果任由其蔓延发展，必将被其吞噬。柳宗元写过一篇文章《蝜蝂传》，里面描述了一个名叫蝜蝂的小虫。这个小虫背部较高，善于背东西，它在爬行中遇到东西，就抓取过来。它背负的东西越来越重，即使非常疲乏劳累也不停止。它的背很粗糙，因而物体堆积不会散落，最终被压倒爬不起来。有时人们可怜它，替它除去背上的物体。可是只要它还能爬行，就会像原先一样抓取物体。它又喜欢往高处爬，用尽力气也不停止，直至跌落到地上摔死。古往今来，多少贪官，就像这个叫蝜蝂的小虫一样，贪得无厌，欲壑难填，一次次伸手，一次次受贿，不知足，不知止，最终深陷泥潭不能自拔，终致身败名裂、锒铛入狱。贪欲让他们成了金钱的奴隶，那一沓沓厚厚的钞票，铺就了他们通向黄泉的路。

罗曼·罗兰说："人生是一场无休、无歇、无情的战斗，凡是要做个够得上称为人的人，都得时时刻刻向无形的敌人作战。本能中那些致人死命的力量，乱人心意的欲望，暧昧的念头，使你堕落使你自行毁灭的念头，都是这一类的顽敌。"对为官者来说，一贪毁所有，贪心是罪恶的根源，贪污是做官的大忌，因为为官者一旦有了贪心，就会公私不分，就会置法律、道德于不顾，将公权力变成谋利的工具。作为党员干部，要时刻保持敬畏之心，敢于向那些"无形的敌人""顽敌"开战，慎独慎微，自警自励。

第六章　君子爱财　取之有道

——见利思义的智慧

义利之辨是中国传统文化的重要思想和内容。

义者，宜也。“义”，即人际关系以及人类活动应遵循的最高道德价值及最高行为准则；“利”，即利益。孔子在综合前人特别是西周以来伦理思想的基础上，建立了以“仁”为核心的伦理思想体系，提出“义以为上”①，为后世儒家的价值观和义利之辨明确了方向。儒家承认利的合理性，从主要倾向来看，主张“重义

① 《论语·阳货篇》。

轻利”，子曰：“君子喻于义，小人喻于利。”孔子对君子和小人的划分依据就是“利”与“义”。

在如何处理“利”与“义”的关系上，孔子主张要见利思义，孔子说，“君子见利思义，见危授命”①，一个人在面对利益的时候，首先要想应不应该得到，也就是用道德理性的眼光来审视得到利益的途径是否正当。如果不正当，就“不以其道得之”，应该“义然后取”②。人活世上，要生存，要温饱，要过好自己的生活，自然不能不食人间烟火。既然生活中没有金钱是万万不能的，那么我们应该怎样对待利益呢？正确的答案或许就是孔子教导我们的：君子爱财，取之有道。

时代的发展推动着义利观由传统向现代转变，在市场经济条件下，重视个人利益的满足是正当的，但如果为了获取个人利益而不顾社会公序良俗，甚至损害别人的利益，这样的行为违背社会主义核心价值观，是令人唾弃的。因此温习弘扬“以义制利”“义以为上”的优良精神传统，重视社会责任感和正义感的培养，具有重要的意义。

---

① 《论语·宪问篇》。
② 《论语·宪问篇》。

君子喻于义，小人喻于利

典出《论语·里仁篇》第四。子曰："君子喻于义，小人喻于利。"

意思是说，孔子说："君子能够领悟的是道义，小人能够领悟的是利益。"

中国历史上针对如何处理义利关系的讨论一直没有停止过。孔子提出"见利思义""义然后取"。孟子进一步阐发了这一思想，提出"生，亦我所欲也；义，亦我所欲也。二者不可得兼，舍生而取义者也"。荀子也讲"君子之能以公义胜私欲"。宋代程颐认为"夫利，和义者善也，其害义者不善也"。中华优秀传统文化中的义利之辨主要是说，遇到利益的时候，要看"利"是否合乎道义，所谓"君子爱财，取之有道"。

孔子这句话把对待"义"和"利"的态度作为区分君子和小人的标准之一。君子懂得取利要以"义"为标准，不符合道义的"利"不能取，要见利思义，义然后取，不义之财不取；而小人只懂得一味追逐利益，唯利是图，唯利必逐。君子和小人在“利”的面前立见高下。

党员干部特别是领导干部要做追求道义的君子，首要的就是正确对待公私问题，要深刻认识到，公款姓公，一分一厘都不能乱花；公权为民，一丝一毫都不能私用。不义之财不取、不法之物不拿、不净之地不去，克己奉公、戒贪止欲、公私分明，做一名堂堂正正的君子。

君子无终食之间违仁，造次必于是，颠沛必于是

典出《论语·里仁篇》第四。子曰："富与贵，是人之所欲也，不以其道得之，不处也；贫与贱，是人之所恶也，不以其道得之，不去也。君子去仁，恶乎成名？君子无终食之间违仁，造次①必于是，颠沛②必于是。"

意思是说，孔子说："富贵人人都想要，但如果不是依据道的要求得到的，就不要去接受它；贫贱人人都厌恶，但如果不是依据道的要求而得以摆脱贫贱，就不要去摆脱它。君子如果丢掉了仁德，又怎么能成就名声呢？君子没有一顿饭的时间背离仁德，即便在最仓促匆忙的时候，在颠沛困顿的时候，也一定是按仁德的标准来做事的。"

利和义，反映的是人的物质生活和精神生活两个方面。孔子认为人人都渴望富贵，厌恶贫贱，要按照

---

① 造次：匆忙、仓促、鲁莽的意思。

② 颠沛：跌倒，形容人事困顿，社会动乱。

“仁”的标准来决定对富贵贫贱的取舍，不符合道义的富贵不能追求，不合乎道义的贫贱也不要急着摆脱。孔子提出要“见利思义”，这是古今中外普遍适用的道德准则，只是在不同社会，道义、仁德的具体内容是不一样的。

仁道、仁德是安身立命的基础，也是生活的准则。无论是富贵还是贫贱，无论是仓促之间还是颠沛流离之时，都不能违背仁道的原则。如果面对激烈的市场竞争，弱肉强食，尔虞我诈，那还有什么仁道原则可言呢？因此，这句圣贤哲语，依然值得我们深思。

欲速则不达，见小利则大事不成

典出《论语·子路篇》第十三。子夏为莒父①宰②，问政③。子曰："无欲速④，无见小利。欲速则不达，见小利则大事不成。"

意思是说，子夏做了莒父的长官，问怎样治理政事。孔子说："做事情不要一味求快，不要贪图蝇头小利。图快反而达不到目的，图小利就做不成大事。"

孔子告诉子夏，处理政事时，要正确处理"快"和"利"，既不要贪多求快，也不要贪图小利。

虽然，孔子谈的是为政之道，但字里行间透露出的是人生智慧。我们先说"求快"。培根在《论敏捷》一文中指出，"过于求速是成事最大的危险之一"。做事一味求快，内心就会丧失定力，甚至违背事物发展的规律，最后酿成苦酒一杯。《揠苗助长》的故事就是一种

---

① 莒父：鲁国邑名。
② 宰：最高长官。
③ 政：政事。
④ 速：快，速度。

警示，宋人为了让禾苗快速长高，竟然把它们一棵一棵拔高了，违背作物生长规律的结果只能是适得其反，贻笑大方。其实，“求快”的背后是受利益所蛊惑。这就启示我们，为政者切不可单纯追求所谓的政绩，只求光鲜，一味求速度，而是要坚守本心，脚踏实地。慢也是快，说的就是这个道理。

再看“见小利则大事不成”。孔子告诫为官者：“好见小利，妨于政。”① 他认为“隐小物以害大物者，灾必及身矣”②。也就是说，如果只关心小利就会贻误大事，甚至可能会有灾祸降临到身上。古往今来，凡成就大事业者，无论是经商还是从政，很少有见小利而动心的。因为贪图小利而心动者，就容易被眼前利益遮蔽双眼而失去长远的考量，必定因小失大，得不偿失。

领导干部要树立正确的事业观、金钱观、政绩观，要练就面对利益和诱惑不动心的金刚不坏之身，不能为了蝇头小利而走上违法犯罪的道路，等身陷囹圄失去自由时一切都悔之晚矣。

---

① 《大戴礼记·四代》。

② 《韩诗外传》卷六。

放于利而行，多怨

典出《论语·里仁篇》第四。子曰："放（fǎng）[1]于利而行，多怨。"

意思是说，孔子说："做事如果完全依据个人利益而行动，必定会招来很多怨恨。"

这句话从另一个角度表达了孔子对个人利益的态度和看法。孔子认为，如果完全从"利"的角度思考问题和解决问题，必定会招来许多怨恨、怨言、怨气。

孔子所言有一定的道理。人固然不能不维护自身利益，但如果每个人都以自己为圆心，只关心个人利益，那么整个社会就会变成一个钩心斗角、尔虞我诈的名利场。腐败分子的贪污犯罪，其实就是"放于利而行"所导致的。如果见利忘义，小到夫妻、父子、兄弟、姐妹、朋友之间，凡事就会斤斤计较，丧失底

① 放：依据，任凭。

线；大到国家之间，如果“放于利而行”，就会零和博弈，纷争四起。因此，无论个人、行业、社会还是国家之间，都要在道义、法律、规则和规范之下取利。

贫而不恨者，以贫为师也

典出《晏子春秋·内篇杂下》第六。晏子相齐三年，政平民说①。梁丘据见晏子中食②而肉不足，以告景公。旦日，封晏子以都昌③，晏子辞而不受，曰："富而不骄者，未尝闻之；贫而不恨者，婴是也。所以贫而不恨者，以若④为师也。今封，易婴之师。师已轻，封已重矣，请辞。"

意思是说，晏子做齐国相国，三年之后，政治清平，百姓高兴。梁丘据见晏子吃午饭时肉很少，就把这事告诉了齐景公。第二天，齐景公便把都昌分封给了晏子，晏子推辞不接受，他说："富贵而不骄纵的人，我没听说过；贫困但不怨恨的人，我晏婴就是。之所以贫困却不怨恨，是因为我把贫困当作老师。现在如果您封给我土地，就是更换了我的老师。这样，老师就被轻贱

① 说：通"悦"，高兴。
② 中食：吃中等的食物。
③ 都昌：地名，今山东昌邑。
④ 若：这，指贫困。

了，而封地变重了，所以请允许我推辞。”

晏子作为三朝相国，理应享受荣华富贵，但他却十分节俭，齐景公要封地给他，他坚辞不受。《史记·管晏列传》评价道：“晏子以节俭力行重于齐。”我们从晏子的衣食住行来感受一下晏子以贫为师的高风亮节。

晏婴衣食。晏婴虽出身贵族，又身居高位，但他始终过着节俭朴素的生活：穿的是“缁布之衣，麋鹿之裘”“十升之布”，仅有的一件衣服，也是穿了又穿，洗了又洗，“晏子裘”就是节俭的代名词；吃的是“脱粟之食，五卯、苔菜”，家人“食不重肉，妾不衣帛”。

晏婴之宅。晏婴身为相国，始终不置家产，长期生活在低矮狭小、阴暗潮湿的房子里，而且住在闹市区。景公认为这样的环境跟晏子身份不符，就想给他建一所明亮宽敞的住宅，被他断然拒绝。

晏婴之行。晏婴上朝时坐的是驽马破车。景公派大臣梁丘据给晏子送去良马大车，送了几次，都被晏子拒绝了。

晏子“以贫为师”，固然与他良好的道德修养有关，但更重要的是，晏子深刻认识到了官员起表率作用的重要性。晏子认为，身为百官之相，应该处处以身作则，为百官做出榜样。

晏子的“以贫为师”，的确值得钦佩。今天我们提倡“以贫为师”，并不是要“吃糠咽菜”，而是要节俭，保持“洁白朴素的生活”。战争年代，无产阶级革命家方志敏被捕后，敌人以为抓住共产党的一个大官，就要发财了。岂料，他们从方志敏上身摸到下身，从袄领捏到袜底，除了一只怀表和一支自来水笔之外，一个铜板都没有搜出来。面对敌人的质问，方志敏大义凛然地回答道：“我今天确实是一个铜板也没有，我们革命不是为着发财！”“人民公仆”孔繁森去世后，留给世人两件遗物，其中一件是8.6元的遗产。一个地委书记，死后留下的财产，还不够买一包好烟、喝一两好酒，这彰显的是共产党人艰苦朴素、艰苦奋斗、清正廉洁的精神。一个人如果没有耐得住清贫的精神，随时都可能会投降、变节、苟安、腐化。纵观落马的贪官，大多数是因为耐不住清贫、受不了奢华生活的诱惑而逐渐走上违法犯罪道路的。

方志敏曾说：“清贫，洁白朴素的生活，正是我们革命者能够战胜许多困难的地方！”“官瘦民肥，乃国家之大幸。”晏子“以贫为师”的典故旨在提倡一种不忘清贫的精神和节俭朴素的生活作风，值得我们细细品读。

富贵不能淫，贫贱不能移，威武不能屈

典出《孟子·滕文公下》。景春曰："公孙衍、张仪岂不诚①大丈夫哉？一怒而诸侯惧，安居而天下熄②。"孟子曰："是焉得③为大丈夫乎？子未学礼乎？丈夫之冠也，父命之；女子之嫁也，母命④之，往送之门，戒之曰：'往之女⑤家，必敬必戒，无违夫子！'以顺为正者，妾妇之道也。居天下之广居，立天下之正⑥位，行天下之大道。得志，与民由之；不得志，独行其道。富贵不能淫⑦，贫贱不能移，威武不能屈，此之谓大丈夫。"

意思是说，景春说："公孙衍和张仪不是真正的大丈夫吗？发起怒来，诸侯们都会害怕；安静下来，天下

---

① 诚：实在，真正。
② 熄：平安，太平。
③ 焉得：怎么能。
④ 命：命令，训导。
⑤ 女：通"汝"，你。
⑥ 正：基本原则。
⑦ 淫：迷乱。

就会平安无事。”孟子说：“这怎么能叫大丈夫呢？你没有学过礼吗？男子举行加冠礼的时候，父亲给予训导；女子出嫁的时候，母亲给予训导，送她到门口，告诫她说：‘到了丈夫家里，一定要恭敬谨慎，不要违背你的丈夫！’以顺从为原则，是妾妇之道。至于大丈夫，则应该居住在‘仁’这所广大的住宅里，站立在‘礼’这一正确的位置上，行走在‘义’这条广阔的大路上。得志时，和百姓共同前进；不得志时，独自走所选择的正道。富贵不能扰乱他的心意，贫贱不能改变他的志向，威武不能使他屈服，这才是真正的大丈夫！”

什么样的人才算是“大丈夫”？孟子这句话就是最好的诠释。在弟子景春看来，说客公孙衍和张仪就是“大丈夫”，因为两人都是手握相国大权、赫赫有名的风云人物。他们一旦生气便会引发战争，甚至让诸侯们畏惧，他们平静下来，天下就会平安无事。孟子听后不以为然，从容自若地驳斥了他的观点，并且提出了真正大丈夫的几个标准：一是要有“行天下之大道”的志向和抱负，并将大道推行到广大百姓中去；二是要有“富贵不能淫、贫贱不能移、威武不能屈”的道德节操。

孟子的大丈夫之学为传统文化增添了刚健、高迈的文学血脉。儒学大师牟宗三先生评价道："孟子之学就是大丈夫之学，自孟子以后，中国人的血脉中便不再缺钙了。"古往今来，孟子的大丈夫之学激励了无数仁人志士，为天下之大道而奔走、呼号、奉献、牺牲。古有杜甫的"安得广厦千万间，大庇天下寒士俱欢颜"，文天祥的"人生自古谁无死，留取丹心照汗青"，于谦的"粉身碎骨浑不怕，要留清白在人间"，等等。今有李大钊的"钊自束发受书，即矢志努力于民族解放之事业，实践其所信，励行其所知，为功为罪，所不暇计"，方志敏的"不错，目前的中国，固然是江山破碎，国弊民穷，但谁能断言，中国没有一个光明的前途呢？不，绝不会的，我们相信，中国一定有个可赞美的光明前途"，黄大年的"生命，为祖国而澎湃"，等等。几千年来，正是因为有了大丈夫精神血脉的传承，中华民族才写下了奇崛壮丽的篇章。

新时代，面对市场经济带来的各种诱惑和挑战，我们更应该善养浩然之正气，做堂堂正正的"大丈夫"！

不义而富且贵，于我如浮云

典出《论语·述而篇》第七。子曰：“饭①疏食②，饮水，曲肱（gōng）③ 而枕之，乐亦在其中矣。不义而富且贵，于我如浮云。”

意思是说，孔子说：“吃粗粮，喝白水，弯起胳膊当枕头，乐趣就在其间。用不正当的手段得来的富贵，在我看来就像是天上的浮云一样。”

孔子提倡“安贫乐道”，“饭疏食，饮水，曲肱而枕之”，并不是要人们放弃富贵，而是要人们在符合道义的前提下追求富贵。对用不符合道义的手段得来的富贵，他不仅鄙弃，还把它们看作天上的浮云，不为所动。

“义”，《礼记·中庸》的解释是：“义者，宜也。”义是合宜，是行为的正当性和合理性。义而后取，就是

① 饭：作动词，吃的意思。
② 疏食：粗粮。
③ 肱：胳膊。

以正当的手段去谋求富贵，因为不义而到手的富贵，很可能如梦幻泡影，甚至招来祸患。《列女传·贤明传》中记载了一个“陶荅子妻”的故事。春秋时期的荅子，治陶三年，虽然积攒了很多财富，但名声却不太好。他的妻子好言相劝，让他不要“贪富务大，不顾后害”。荅子没能将妻子的劝诫听进去，继续敛财。一年之后，荅子被查出贪污，不久后受到惩处。这个故事说明，不义而富且贵，虽然会带来一时的荣华和享受，但并不会长久，先义后利、义利兼顾才是人间正道、长久之道。

不以欲伤，不为利累，需时时牢记不义之财不可妄取，要妥善处理义利矛盾，做到“心不动于微利之诱，目不眩于五色之惑”。

且夫富，如布帛之有幅焉

典出《晏子春秋·内篇杂下》第六。子尾①曰："富，人之所欲也，何独弗欲？"对曰："庆氏之邑足欲，故亡。吾邑不足欲也。益之以邶殿，乃足欲。足欲，亡无日矣。在外，不得宰吾一邑。不受邶殿②，非恶富也，恐失富也。且夫富，如布帛之有幅③焉，为之制度，使无迁也。夫民生厚而用利，于是乎正德以幅之，使无黜④慢⑤，谓之幅利。利过则为败，吾不敢贪多，所谓幅也。"

意思是说，子尾问晏子："财富，是人人都想得到的，为什么您不想得到呢？"晏子回答说："庆封的城邑满足了他对财富的欲望，所以他逃亡到国外了。我的城邑并不能满足我的欲望，如果再加上邶殿60个城邑

---

① 子尾：人名，齐国大夫。

② 邶殿：邑名，在今山东昌邑。

③ 幅：布帛的宽度。纺织布帛，其宽度是规定好的，引申为规范、限度之意。

④ 黜：废弃，减损。

⑤ 慢：轻慢。

的话，就满足我的财富欲望了。欲望满足了，离逃亡的日子也就不远了。一旦逃亡在外，我连一个城邑也没有了。我不接受邶殿那60个城邑，并不是厌恶财富，而是因为害怕失去财富。财富就像布帛一样，应该有一个幅度。人人都希望生活富足，财物多多益善，这就需要制定一定的道德标准来加以约束，使人们不至于太过放纵，从而约束私欲。财富太多会招致败亡，我不敢太过贪心，这是我拥有财富的规则和幅度。"

在这里，晏子提出了著名的“幅利论”，他认为人人都有追逐财富和利益的自由，但是对财富和利益的追求要有一个界限，他把这个界限比喻为“布帛之有幅”，就是主张人在追求财富时，要像布帛一样，把自身的欲望限制在一定范围内，并通过加强道德修养来做到。如果过分追求私利，就会招致祸患，甚至家破人亡。

齐景公赏赐给晏子邶殿的60个城邑，当时以30户人家为一邑，60邑就是1800户，应该是对晏子的重赏。按常理来说，一国之君赐给自己城邑，高兴还来不及呢，但晏子却不是大喜过望，而是坚辞不受，这着实有点说不通。晏子说：“我听说，对上面赏赐的接受要有节制，得到君王的宠爱就会长久；俭朴地居住在自己的住所，名声就会在外面传扬。”晏子“辞邑”，源于他内心的节制，源于他独到而深刻的“正德而幅利”的哲学思想，正因为如此，他才能提出“廉者，政之本也；让者，德之主也”的千古名论！

晏子的“幅利论”思想值得人们特别是为政者深思，人的欲望无穷，但要懂得节制，懂得节欲，懂得约束。中国科协原党组成员陈刚，为满足自己的“设计梦”，让商人出资在北京怀柔建造了一座占地面积 109 亩的私家园林，内有四合院、半悬空泳池、人造白沙滩、按摩师等，极尽奢华。“巨蝇”国家能源局煤炭司原副司长魏鹏远，涉案财产达到 3.4 亿元。这些腐败官员，早已没有了“幅度”，没有了底线，没有了敬畏，置党纪国法于不顾，在追逐财富和利益的道路上一路狂奔，最终“利过则为败”，用贪欲葬送了自己的前程。

人不堪其忧，回也不改其乐

典出《论语·雍也篇》第六。子曰："贤哉回①也！一箪②食，一瓢饮，在陋巷，人不堪③其忧，回也不改其乐。贤哉，回也！"

意思是说，孔子说："颜回真是一个品德高尚的人啊！用一个竹筐盛饭，用一只瓢喝水，住在简陋的巷子里，别人都忍受不了这种清苦的生活，颜回却身在其中自得其乐。颜回的品质是多么高尚啊！"

颜回，字子渊，春秋末期鲁国人，是孔子最喜欢、最疼爱的学生。颜回死后，孔子非常伤心、非常悲痛："天丧予，天丧予！"子夏劝道："老师，您哭得太伤心了！"孔子哽咽着说："我能不伤心难过吗？除了颜回，还有谁让我这么伤心呢？"颜回在孔子心目中的地位可见一斑。

---

① 回：颜回，孔子的弟子。
② 箪：古代盛饭的圆形器具。
③ 不堪：不能忍受。

面对箪食瓢饮陋巷的清苦，估计大多数人会焦虑、会鄙弃、会忍受不了，但是在“人不堪其忧”的背景下，颜回没有焦虑，没有不安，而是自得其乐。

颜回之乐，所乐何在？为何安于所乐？颜回之乐，源于他早已不在意物质，他认为人活于世，能够温饱就可以了。当孔子问他既然家境贫困，为什么不去做官时，颜回说，他有城郭之外的五十亩地，城郭之内的十亩地，足够吃穿用度了。可见，颜回追求的是精神的超越与高蹈。那么，他的快乐寄居何方？他的快乐来自上下求索的“道”。孔子有弟子三千，为什么独独对颜回大加赞赏？就是因为颜回的心不被外物所役，而是充满追求“道”的激情与喜悦。

颜回之乐彰显的是“君子谋道不谋食”的价值观，也是仁人志士所具有的一种高尚人格。这不禁让我们想到了陈望道，1920 年 2 月，陈望道为翻译《共产党宣言》，秘密回到家乡浙江义乌。他在潜心翻译时，蘸着墨汁吃掉粽子却浑然不觉，还说:“够甜，够甜的了!”“真理的味道非常甜”，彰显的是中国马克思主义者对救国救民之道的沉醉和渴求。时代不同，但求“道”的乐趣是相同的。

颜回之乐也让我们思索，人来世上一遭，到底要追求什么。根据人性的需求，每个人在其一生中，既需要构建自己丰富的物质家园，以满足衣食住行的物质需求，也需要构建高尚的精神家园，以满足精神需求，实现人生价值，回答生命存在的意义！

甚爱必大费，多藏必厚亡

典出老子的《道德经·第四十四章》。名与身孰亲？身与货孰多①？得与亡孰病？甚爱必大费②；多藏必厚亡。故知足不辱，知止不殆③，可以长久。

意思是说，名誉和生命相比，你亲近哪一个？生命与财产相比，你觉得哪个更重要？得与失相比，哪个害处更大？过分追逐名利必然要付出更多的代价；过于积敛财富，必定会遭致更惨重的损失。因此，懂得满足，就不会遭受屈辱，懂得适可而止，就不会遭遇危险，这样才可以长久平安。

“甚爱”与“多藏”，重点在“甚”和“多”，告诫人们，凡事要把握一个“度”，过犹不及。名与货不可不爱，亦不可不藏，爱之勿甚，藏之勿多。如果过度追求名利与财富，“甚爱”之，“多藏”之，不懂得“知足”“知止”，甚至为之所病，就可能“物极必反”，

---

① 多：贵重。
② 费：付出代价。
③ 殆：危险。

被无度的欲望所囚禁、所毁灭。

从古至今，“大费”与“厚亡”的例子有很多。清代和珅就是一例，和珅为官，结党营私，贪污受贿，当权二十多年，贪污受贿，兼并土地几千顷，占据房产几百处，他所聚敛的财富，竟超过了清政府 15 年的财政收入。如此“甚爱”与“多藏”，成为史上一最。可最终他的结局又如何呢？还不是财产被没收，身败名裂？

今人莫笑古人痴，古人笑君君不知。安徽原副省长倪发科喜欢收藏玉石，来源不明的巨额财产中绝大部分为玉石、字画。经审理查明的受贿数额为 1296 万余元，其中收受的所谓“雅贿”如玉石、字画等为 889.22 万元。据倪发科自述，他在省政府分管国土矿产资源开采审批时，为帮助六安老区开发玉矿资源而接触了玉石，从收集一般的玉石和矿石标本，到收藏省外的一些玉石、玉器和奇石，到爱上玉文化，痴迷于玉石、玉器，最后到了爱不释手、不能自拔、玩物丧志的境地。他在供词中说，因对玉石痴迷加上贪欲之心，他忘记了党纪国法，“雅贿”竟然全部收下。倪发科喜欢玉石，最终将前途葬送在了“多藏”的玉石上，不能不让人深思。

第七章　知行合一　讷言敏行
——学以致用的智慧

“知行合一”是中国传统思想的精华之一，是传统文化的基本命题。《尚书·说命中》记载了傅说对商王武丁说“非知之艰，行之惟艰”，反映了先秦已有“知易行难”之说。孔子认为人有生而知之、学而知之、困而学之、困而不学，主张“君子欲讷于言而敏于行”，实际上是主张以行为本。子思著《中庸》引孔子论“知行”之言：“好学近乎知，力行近乎仁，知耻近乎勇。知斯三者，则知所以修身，知所以修身，则知所以治人；知所以治人，则知所以治天下国家矣。”这是明确将知行问题作为修身治国的根本。《荀子·劝学》提出了“君子博学而日参省乎己，则知明而行无过矣”的命题，可以说是“知行合一”说之滥觞，但先秦儒家还没有系统的知行观。“知行合一”论后来由王阳明发扬光大，发展成为较完备的哲学体系。

古人所谓“知”是指道德观念、思想意念和事物之理，“行”是指道德践履和实际行动，“知行合一”强调知与行要相互贯通和促进，化知识为德性、化德性为德行。今天倡导“知行合一”，强调的是理论和实践的辩证统一，将马克思主义认识论根植于中国“知行合一”的思想沃土中，这既是对传统知行观的创造性转化，也是对马克思主义实践观的丰富和发展。

耳闻之不如目见之，目见之不如足践之

典出汉代刘向的《说苑·政理》。夫耳闻之不如目见之，目见之不如足践之，足践之不如手辨之。人始入官，如入晦[1]室，久而愈明，明乃治，治乃行。

意思是说，从别人那里听来的事情，没有亲眼所见的可靠；亲眼所见的事情，又不如亲身实践。一个人赴任做官伊始，就好像猛然走进一间昏暗的屋子，经过一段时间后眼睛才能逐渐明亮起来，才能看得清东西；眼睛明亮了才能开始做事，事情才会办得好，工作才能取得成功。

刘向这句话点出了“足践之”的重要性，在《说苑·谈丛》篇中他又指出：“君子博学，患其不习；既习之，患其不能行之。”民间也有“耳闻不如目见”之说，这些都是强调亲身实践的重要性。

实践是检验真理的唯一标准，行动是最好的落实。

---

① 晦：暗。

为官从政，如果仅仅满足于在办公室听报告、签批文件，不深入基层了解群众呼声，不认真进行调查研究，就听不到真正的声音，看不到真正的问题，从而影响决策的科学与正确。所以既要“目见之”，更要“足践之”，用脚步去丈量，用眼睛去观察，用大脑去思考，深入实践了解社情民意。“县委书记的榜样”焦裕禄在兰考县只待了 475 天，他靠一辆自行车和一双“铁”脚板，对全县 149 个生产大队中的 120 多个进行了走访和蹲点调研，行程 5000 余里。有时，为了弄清一个大风口、一条主干河道的来龙去脉，他经常不辞劳苦地跟着调查队，追寻风沙和洪水的去向，从黄河故道开始，越过县界、省界，一直追到沙落尘埃、水入河道，方肯罢休。就是靠着这样一种“目见之”“足践之”的精神，兰考县旧貌换新颜，人民也永远记住了党的这位好干部。

荀子说：“不登高山，不知天之高也；不临深溪，不知地之厚也。”为政者，就得有“纸上得来终觉浅，绝知此事要躬行”的精神，因为“知之不若行之，学至于行而止矣，行之，明也”。

君子欲讷于言而敏于行

典出《论语·里仁篇》第四。君子欲讷[1]于言而敏于行。

意思是说，君子说话的时候要谨慎，行动的时候要敏捷。

何为君子？这句话勾勒出了君子应具备的品性之一：言语上或许笨拙，却言出必行。

孔子认为，“巧言令色，鲜矣仁”。意思是，花言巧语、狡猾的说辞，很少出于仁德之人。相反，“敏于事而慎于言”，才是接近德行的正道。孔子主张要用“敏行”辅助“讷言”，行胜于言，行动是最好的语言。《易传》也提出“天行健”，认定天通过四时运行和生成万物的“行”来成就功德，其无言而行、以行为言，正是“讷言而敏行”的理想典范。

用今天的话来讲，就是“实干胜于雄辩”。任何真

---

① 讷：说话迟钝。

理都不是由论辩和互相诘难而生的，想要达到目标和求知，就要讷言实干。如词人陆游所说“绝知此事要躬行”，凡事要勇于付诸实践，不做“思想上的巨人，行动上的矮子”。领导干部无论做什么事情，都要讲究一个“实”字，“口能言之，身能行之”，认认真真、踏踏实实地干好每一项工作。“慧者心辩而不繁说，多力而不伐功，此以名誉扬天下”，做了一些贡献，有了一些成绩就夸夸其谈的人，得不到好名声。

知者行之始，行者知之成

典出明代王阳明的《传习录》。知者行之始，行者知之成：圣学只一个功夫，知行不可分作两事。

意思是说，知是行的开始，行是知的完成。圣人的学问只有一个功夫，知和行不可当作两样事情。

“知行合一”是中国古代哲学“向善”的认识与实践命题。所谓“知”，即大千世界蕴含的真知、哲学规律凝练而来的知识；所谓“行”，即人之实践。“知行合一”强调的是道德观念和道德实践的一致性。

针对宋儒养成的虚寂风气及将知行分离的观念，王阳明提出“知行合一”，强调知行并重，认为知和行是统一的，知不能离行，行也不能离知，所谓“知之真切笃实处即是行，行之明觉精察处即是知”。“知行合一”，二者互为表里，不可分离，知必然要表现为行，不行则不能算真知。在知与行的关系上，王阳明强调要知，更要行，知中有行，行中有知。

朱熹有言：“知行常相须，如目无足不行，足无目不见。”我们今天强调“知行合一”，就是要人们正确处理好认识和实践的关系。实践是认识的基础、认识的来源、认识发展的动力，实践是检验真理的唯一标准，实践是认识的目的和归宿；认识对实践具有反作用，我们要重视认识的反作用，发挥科学理论对实践的指导作用。

锲而舍之，朽木不折；锲而不舍，金石可镂

典出《荀子·劝学》。骐骥一跃，不能十步；驽马十驾，功在不舍①。锲而舍之，朽木不折；锲②而不舍，金石可镂。蚓无爪牙之利，筋骨之强，上食埃土，下饮黄泉，用心一也。蟹六跪而二螯，非蛇鳝之穴无可寄托者，用心躁也。

意思是说，骏马一跃，也不足十步远；劣马能够连续走十天，就在于它的坚持不懈。如果刻几下就停止，即便腐朽的木头也刻不断。如果一直不停地刻，即便金石也能雕刻成功。蚯蚓没有锐利的爪子和牙齿、强健的筋骨，却能向上吃到泥土，向下喝到地下的泉水，是因为它用心专一。螃蟹有六条腿，两个蟹钳，但是没有蛇、鳝的洞穴它便无处藏身，因为它用心浮躁。

这句话告诉人们，无论做什么事情，只要锲而不舍，善始善终，终能成功。歌德说：“只有两条路可以

---

① 舍：舍弃，放弃。

② 锲：用刀雕刻。

通往远大的目标：力量与坚韧。力量只属于少数得天独厚的人；但是苦修的坚韧，却艰涩而持续，能为最微小的我们所用，且很少不能达成它的目标。”

在实现理想目标的过程中，难免会遇到各种阻力和困难，但只要具备百折不挠的毅力，不被眼前的困难吓倒，不半途而废，就能“金石可镂”。两弹元勋邓稼先，身居荒漠，隐姓埋名，孜孜不倦奋斗 28 年，为我国第一颗原子弹和第一颗氢弹试验成功立下了卓越功勋；孤岛卫士王继才，在那个仅 0.013 平方千米的孤岛上，用 32 年的坚守诠释了初心伟力，震撼着无数国人；获得诺贝尔生理医学奖的中国科学家屠呦呦，面对治疗疟疾这一世界性难题，和她的团队反复实验，终于在 190 次失败之后，于 1971 年在第 191 次低沸点实验中发现了抗疟效果为 100% 的青蒿提取物。因此，干事业做事情如果不能坚持到底，那么再简单的事也只能功亏一篑；相反，只要抱着锲而不舍、持之以恒的精神，再难办的事情也会迎刃而解。

《左传》有言：“政如农工，日夜思之，思其始而成其终。”今天，我们比历史上任何时期都更接近、更有信心和能力实现中华民族伟大复兴的目标。中华民族伟大复兴的目标，不是轻轻松松、敲锣打鼓就能实现的，必须付出百倍千倍的努力，必须有锲而不舍的韧性、不畏艰难险阻的勇气，久久为功，方能实现。

人须在事上磨，方立得住

典出明代王阳明的《传习录》。问："静时亦觉意思好。才遇事便不同。如何?"先生曰："是徒①知养静，而不用克己工夫也。如此，临事便要倾倒。人须在事上磨，方立得住，方能'静亦定，动亦定'。"

意思是说，（陆澄）问王阳明："先生啊，当处于宁静的状态时，我有很多很好的想法和理论，而一旦碰到事情，就根本无法控制，脑子一片空白，这到底是为什么呀?"先生答道："那是因为你只在静中修炼自己，贪图的是一种安逸的环境，最关键的是你没有下克己的功夫。这样一来，遇到事情时就会没有定力。人需要在具体的事情上磨炼自己，才能站稳脚跟，达到'静亦稳、动亦稳'的境界。"

王阳明这句话强调的是历练和经验对人的重要性。经历事情才能练心，在具体事情上磨炼，内心才会强

① 徒：只是。

大，个人才能真正成长。“宰相必起于州部，猛将必发于卒伍”，“贫贱忧戚，庸玉汝于成也”说的都是生活的磨炼就是磨刀石，百炼成刚，才能凤凰涅槃，就像王阳明所说“人须在事上磨炼，做功夫，乃有益。若只好静，遇事便乱，终无长进”。

对领导者来说，若一味长期坐机关办公室，图安逸，贪闲适，一遇大事，尤其是突发事件、危急事件，便抓了瞎，解决不了问题，掉了链子，出了洋相。领导干部特别是年轻干部要勇于、甘于到艰苦环境中磨炼自己。多在事上磨，年轻干部就能不断获得持续成长的动力。年轻干部若没有打下良好的基础，一旦有风吹草动，便会出现动荡，轻者事业受损失，重者整个事业垮台。在谈到年轻干部成长规律时，习近平总书记曾用过“墩墩苗”作比喻，年轻干部多“墩墩苗”没有什么坏处，在普通岗位上经历一些难事、急事、复杂的事，便能够更深刻地感受国情、社情、民情。

君子耻其言而过其行

典出《论语·宪问篇》第十四。子曰："君子耻其言而过其行。"

意思是说，孔子说："君子把说得多做得少视为可耻的事情。"

孔子的这句话极为精练，含义深刻。对于口若悬河、夸夸其谈或者说得多做得少的行为，他深以为耻，告诫人们少说多做，而不要只说不做或多说少做。用今天的话来说，就是不能"言过其行""言过其实"。生活中总有一些人，滔滔不绝、信誓旦旦，说尽了大话、套话、虚话，到头来一件实事也没干成。

"君子以行言，小人以舌言。"有德行的人以行动说话，言与行一致；无德行的人用舌头说话，言行不一。作为领导者，喊破嗓子不如甩开膀子，干一寸胜过说一尺，要少一些口是心非，多一些表里如一，切切实实地把功夫下到察实情、出实招、办实事、求实效上。

言忠信，行笃敬

典出《论语·卫灵公篇》第十五。子张问行①。子曰：“言忠信，行笃敬，虽蛮貊（mò）② 之邦，行矣。言不忠信，行不笃敬，虽州里③，行乎哉？立则见其参④于前也，在舆⑤则见其倚于衡⑥也，夫然后行。”子张书诸绅⑦。

意思是说，子张问怎么样才可以到处行得通。孔子说：“说话要忠信，行事要笃敬，即使到了偏远地区也能行得通。如果说话不守信用，做事不踏实，就是在本乡本土，也是行不通的。站着就仿佛看见忠信笃敬这几个字矗立在前，坐车的时候这几个字也仿佛刻在前面

① 行：通达、行得通的意思。

② 蛮貊：古人对少数民族的贬称。

③ 州里：五家为邻，五邻为里。五党为州，二千五百家。州里指近处。

④ 参：耸立的样貌。

⑤ 舆：车。

⑥ 衡：车辕前面的横木。

⑦ 绅：士大夫系在腰间的大带。

的横木上，这样才能使自己到处行得通。”子张把这些话记在了腰间的大带上。

孔子在这里教导子张，如果想到哪里都行得通，必须谨记六字箴言：“言忠信，行笃敬。”讲话要忠信，忠于内，信于外，讲究诚信，说到要做到，不可以欺骗别人，不可以说话不算数；行为要笃敬、笃实、恭敬，事事都要认真，一丝不苟。如果能够做到这六个字，即便到蛮貊之邦，也可以无往而不利；反过来，言不忠信、行不笃敬，就会令人反感、令人厌恶，到哪里都行不通。

孔子特别强调诚信在个人成长中的作用，认为诚信是个人最基本的道德品质，所谓“人而无信，不知其可也”；“自古皆有死，民无信不立”。在他看来，诚信不仅是一个人立身处世的前提，而且是人生路上的“通行证”。俗话说“君子一言，驷马难追”，说的就是人要遵守诺言，遵循诚信之道。诚信，是中华优秀传统文化的精髓，中华民族历经数千年的岁月更迭、沧桑巨变，从长期的生产生活实践中提炼出了诚信这一民族之根、立世之本。

人无信不立，商无信不通，国无信不稳。诚信同样也是党员干部要遵循的基本准则，党员干部有诚信才能得民心。毋庸置疑，诚信是党员干部做人的底色。党员干部在工作和生活中，要真正做到取信于民，真诚为民办事，既尽力而为又量力而行，做那些现实条件下可以做到的事情，让群众得到看得见、摸得着的实惠；既不能开空头支票，也要防止把群众的胃口吊得过高，以免失信于民。

非知之实难，将在行之

典出左丘明的《左传·昭公十年》。子皮尽用其币，归，谓子羽曰：“非知之实难，将在行之。夫子知之矣，我则不足。《书》曰：‘欲败度，纵败礼。’我之谓矣。夫子知度与礼矣，我实纵欲而不能自克也。”

意思是说，子皮用光了他带去的财礼，回国后，对子羽（公孙挥）说：“并不是难于懂得道理，难在实行。他老人家懂得道理，我对道理懂得还不够。《书》（逸书，见于《尚书·商书·太甲中》）说：‘欲望败坏法度，放纵败坏礼仪。’这就是说我啊。他老人家懂得法度和礼仪，我确实是放纵欲望，又不能自我克制。”

“非知之实难，将在行之”是郑国大夫子皮说的。他给晋平公吊丧，要带着钱币去。子产劝他说吊丧用不着财礼，并给他算了一笔账，用币百两必须千人运送，千人运送一时回不来，必然会把钱财花光，有这样几次国家就会败亡。子皮不听，结果应了子产所言，财币悉数用光。因此，当他回来对子羽检讨自己的过失时，感慨说道理自己也知道，但真正做起来就不那么容易了，结果就犯了错。这句话与《尚书·说命中》所言“非知之艰，行之惟艰”表达的意思殊途同归，即知易行难，认识事情的道理较易，实行其事较难；明白事物的规律是一回事，能够做到做好是另外一回事。

“知易行难”说，是中国古代认识论的一个基本观点，从春秋战国时期到明末清初，这一观点已深入人心。赵括纸上谈兵的故事大家都知道，战国名将赵奢的儿子赵括饱读兵书，能健谈用兵之道，连父亲也难不倒他，自认为是天下无敌。赵奢认为他是纸上谈兵不知变通。后来赵奢死了，赵括顶替廉颇带兵，蔺相如等人极力反对，赵王却极力坚持，结果赵括在长平之战损兵 40 万。由此可见，空谈理论并不能解决实际问题，行动才是最宝贵和最难的。

俗话说“是骡子是马拉出来遛遛”“出水才见两腿泥”等，都是强调实行、实施、行动、执行的重要性。对领导干部来说，了解党的历史和宗旨是容易的，但最重要的是将理论落实到行动中，用实际行动落实好党的宗旨和政策。党员干部要坚持全心全意为人民服务的宗旨，党的好干部的标准是“信念坚定、为民服务、勤政务实、敢于担当、清正廉洁”，这些理论念出来容易，真正做起来却很难。那些落马官员，哪一个不知道秉公用权、廉洁从政的道理？可他们最终却拜倒在金钱、权力的诱惑之下，为何？就是因为他们只停留在“知道”的层面，却忽视了实践与行动。

因此，领导干部要坚持“内化于心、外化于行”的原则，让理论与自身行为实现“知行合一”，这是临事而决断的功夫，也是结合眼下实际情况判断以往循例、规定礼节可否适用的依据。

道虽迩，不行不至；事虽小，不为不成

典出《荀子·修身》。道虽迩[①]，不行不至；事虽小，不为不成。其为人也多暇日[②]者，其出人不远矣。

意思是说，即使是再近的路，不走也不能到达。即使是再小的事，不去做也不可能完成。那些活在世上却懒惰不做事的人，他们即使能超出别人，也绝不会很远。

此言强调踏实笃行的意义，也可以看作《荀子·修身》篇的主旨。荀子认为，修养身心，努力提高自身的思想境界和道德水平，绝非易事。这就如同走路，即便路程很近，不去行走也不会到达目的地；又如同做事，即便事情很小，不去做也不会成功。

老子说“千里之行，始于足下”“上士闻道，勤而行之”；孔子认为“力行近乎仁”；司马光说“学者贵于行之，而不贵于知之”；陆游则在冬夜里告诫儿子

① 迩：近。

② 多暇日：指懒惰而不做事。

“纸上得来终觉浅，绝知此事要躬行”。任何一项事业都要靠实践去完成，如果不能脚踏实地，永远沉浸在美妙的幻想中，只会一事无成。千里之行，始于足下，万事在于积累，坚信功不唐捐。

新时代要想成就新作为，就要崇尚实干，力戒空谈。邓小平曾说过：“世界上的事情都是干出来的，不干，半点马克思主义也没有。”2018 年 5 月 2 日，习近平总书记同北京大学师生座谈并发表重要讲话。他指出，每一项事业，不论大小，都是靠脚踏实地、一点一滴干出来的。“道虽迩，不行不至；事虽小，不为不成。”这是永恒的道理。做人做事，最怕的就是只说不做，眼高手低。实干既是领导干部的优秀品质，又是领导能力的鲜明特质。因此，领导者应该谨记：空谈只会误事误国，实干才能梦想成真。

知之愈明，则行之愈笃；行之愈笃，则知之益明

典出朱熹的《朱子语类·卷十四》。知之愈明，则行之愈笃；行之愈笃，则知之益明。

意思是说，对事物和规律的认识越清晰，认识指导下的实践就越扎实，成果就越丰厚；实践越扎实，成果越丰厚，对事物和规律的认识就越清晰。

这句话揭示了认识和实践的关系，实践是认识的来源，认识是实践的前提，反过来，实践又会促进人的认识。

毛主席曾指出："人的正确思想是从哪里来的？是从天上掉下来的吗？不是。是自己头脑里固有的吗？不是。人的正确思想，只能从社会实践中来。"这道出了实践对于认识的作用。我们经常说的"桃子甜不甜，自己咬一口就知道了"，说的就是实践的作用。

反过来，认识对实践具有指导作用。对事物规律的认识只有达到一定高度，才能更好地指导实践。

理解认识和实践的关系，对我们的工作具有重要

的指导作用。理论上清醒，政治上才能坚定。坚定的理想信念，必须建立在对马克思主义的深刻理解之上，建立在对历史规律的深刻把握之上。理想信念不是空中楼阁，也不会与生俱来，而是建立在马克思主义科学真理的基础之上，只有真学、真懂、真信马克思主义、社会主义和共产主义，才能从思想深处坚定理想信念。反过来，只有在实践中切实践行理想信念，才会更加深刻地理解理想信念。

第八章　业精于勤　荒于嬉
——终身学习的智慧

古往今来，凡成就大事业者，都具有不断学习、终身学习的美德和品质，把学习当作头等大事。三国时期，孙权劝吕蒙："卿今当涂掌事，不可不学！"吕蒙以事务多为由推托，孙权曰："卿言多务，孰若孤？孤常读书，自以为大有所益。"于是，吕蒙下苦功夫学习，终成一代名将。汉光武帝刘秀在戎马生涯中手不释卷。如果说古人学习是为了成就个人事业，那么对今天的党员领导干部来说，学习已经成为一种需要、一种责任、一种追求、一种境界。

信息时代，知识更新越来越快，新形势不断变化，新情况、新问题层出不穷，领导干部如果不读书不学习，就难以应对这日新月异的时代。现实生活中，有的干部以事务繁忙为由“不愿学”，有的碌碌无为“不爱学”，有的把读书学习当作装点门面的工具“不真学”，有的急于求成“不深学”，凡此种种，导致业务不精通，工作干不好。作为领导干部，要想干好本职工作，克服本领恐慌，就必须把学习作为一种信念、一种状态，真正让读书学习成为工作、生活的重要组成部分。

习近平总书记指出：“好学才能上进，好学才有本领。中国共产党人依靠学习走到今天，也必然要依靠学习走向未来。各级领导干部要勤于学、敏于思，坚持博学之、审问之、慎思之、明辨之、笃行之，以学益智，以学修身，以学增才。要努力学习各方面知识，努力在实践中增加才干，加快知识更新，优化知识结构，拓宽眼界和视野，着力避免陷入少知而迷、不知而盲、无知而乱的困境，着力克服本领不足、本领恐慌、本领落后的问题。”① 我们党要建设学习型、服务型、创新型的

① 2015 年 1 月 18 日，习近平为第四批全国干部学习培训教材作序。

马克思主义执政党，就要树立终身学习的理念，在读书学习中探究事理、修身养性，不断提高知识化、专业化水平，不断提高履职尽责的素质和能力。

学不可以已

典出《荀子·劝学》。君子曰：学不可以已①。青，取之于蓝，而青于蓝；冰，水为之，而寒于水。木直中绳②，輮以为轮，其曲中规。虽有槁暴，不复挺者，輮③使之然也。

意思是说，君子说：学习是不可以停止的。靛青是从蓝草里提取的，可是比蓝草的颜色更深；冰是水凝结而成的，却比水还要寒冷。木材笔直到符合拉直的墨线，用火烤把它弯曲成车轮，那么木材的弯度就合乎圆的标准了，即使经历风吹日晒而干枯，木材也不会再挺直，正是因为经过加工，它才变成了这个样。

《荀子·劝学》篇大家并不陌生，甚至都能熟读成诵。几千年前的荀子为什么要写这样一篇文章？为什么提出"学习不可以停止"呢？这要从他的"性恶论"谈

---

① 已：停止。
② 绳：木工取直用的墨线。
③ 輮：使直的东西弯曲。

起。荀子认为，人的本性是恶的，怎样才能去恶从善呢？荀子说："故圣人化性而起伪，伪起而生礼义，礼义生而制法度。"① 这里说的是人要通过"学习"化性起伪，才能通达善的境地。人之所以尊崇道德，做出好事，就是因为对他们加强教育。荀子在总结学习经验时得出的结论就是学习不可以停止，要积微成著，积善成德。"不积跬步，无以至千里；不积小流，无以成江海。"

荀子注重学习的理念及其学习的方法放在今天依然还是那么鲜活。当前，社会发展日新月异，知识不断更新迭代。农耕时代，一个人读几年书，就可以用一辈子；工业时代，读十几年书，才能够用一辈子；知识经济时代，需要一辈子学习，否则知识就会老化，思想就会僵化，能力就会退化。荀子提出"学不可以已"，俗话也说"活到老，学到老"，其实都是要我们树立终身学习的理念。习近平总书记告诫全党："梦想从学习开始，事业从实践起步。"中国共产党人依靠学习走到今天，也必然要依靠学习走向未来。广大党员干部必须树立终身学习的理念，让终身学习成为一种生活方式。

① 《荀子·性恶》。

学然后知不足

典出《礼记·学记》。“虽有嘉肴，弗食，不知其旨①也；虽有至②道，弗学，不知其善也。是故③学然后知不足，教然后知困④。知不足，然后能自反也；知困，然后能自强也。故曰：教学相长也。”

意思是说，即便有美味的食物，如果不亲自品尝，就无法体会它的味道；即便有最好的道理，如果不深入学习，就不能体悟它的妙处。因此，学习之后才能够知道自己的欠缺和不足，通过教别人才能知道自己的困惑在哪里。知道了不足，才能勇敢地反思自己，知道了困惑的地方，才能刻苦去钻研。所以说：教和学是互相促进的。

不登高山，不知天之高也；不临深溪，不知地之厚也。读书、学习也是这个道理，一个人学问越高，学得

---

① 旨：甘美。
② 至：达到极点。
③ 是故：因此，所以。
④ 困：困惑，不通，理解不了。

越多，就越会感到自身的渺小、知识的匮乏，出现本领恐慌。

笛卡尔说：“愈学习，愈发现自己的无知。”为什么会有这样的感觉呢？著名科学家芝诺曾经用“大圆和小圆”的比喻来说明这个道理。他说，大圆代表我所掌握的知识，小圆代表你们所掌握的知识。这样来看，我掌握的知识确实比你们掌握的多一些。但两圆之外的空白，是我们的未知面，圆越大，其圆周接触的未知面就越多。因此，他对学生说：“从这个意义上讲，我不知道的东西比你们多些。”芝诺这个比喻非常生动，它告诉人们：知识无边，学海无涯，只有不断读书、不断学习、不断积累，才能知道自己知识的欠缺、视野的狭窄，才能产生内驱动力，努力读书，勤奋学习。

君子博学而日参省乎己，则知明而行无过矣

典出《荀子·劝学》。故木受绳①则直，金就砺②则利；君子博学而日参省③乎己，则知（zhì）④明⑤而行无过矣。故不登高山，不知天之高也；不临深溪，不知地之厚也；不闻先王之遗言，不知学问之大也。

意思是说，木材经墨线量过就能取直，刀剑等金属制品在磨刀石上磨过就能变得锋利，君子广泛地学习，而且每天检查反省自己，就会聪明多智，行为就不会有过错了。所以，不登上高山，就不知天多么高；不面临深涧，就不知道地多么厚；不懂得先代帝王留下的话，就不知道学问的博大。

这句话的重点有二：一曰博学，二曰参省。

先说博学。“博学”，就是要广泛涉猎，博观约取。

---

① 绳：墨线。
② 砺：磨刀石。
③ 省：省察。
④ 知：通“智”，智慧。
⑤ 明：明达。

“博”还意味着博大和宽容。唯有博大和宽容，才能兼容并包，使为学具有世界眼光和开放胸襟，真正做到“海纳百川，有容乃大”，进而“泛爱众，而亲仁”。《礼记·中庸》提到，要“博学之，审问之，慎思之，明辨之，笃行之”。这是为学的几个层次，几个层次之间呈现的是层层递进的关系。博学是其中的第一层次，缺少这一阶段，为学就是无根之木、无源之水。古人博学，不仅遍阅古籍，而且琴棋书画、武术剑道都要娴熟。比如辛弃疾，他刚柔并济，文武双全，既能战场杀敌，又能提笔赋词。比如李白，比如苏轼，等等，都是文韬武略的典型。

再说参省。“参省”，就是要每天反省自己，善于自我剖析。反省修身是古人极为推崇的修身方法。比如大家熟知的：“吾日三省吾身。为人谋而不忠乎？与朋友交而不信乎？传不习乎？”再比如《尚书》的“与人不求备，检身若不及”，等等。这里分享一个古人内省的故事。宋朝时有一个叫赵概的读书人，他的书房里放着三个盒子，一个装白色的豆子，一个装黑色的豆子，另一个是空的。一天中要是做了一件好事，他就取一粒白色的豆子放在空盒子里；要是做了一件坏事，或者有做坏事的念头，就取一粒黑色的豆子放到空盒子里。晚上睡觉前，他取出豆子看看黑白各有多少，用这个办法检查自己当天的进步和过失。起初，黑色的豆子比白色的多；后来他时时自省，白色的豆子越来越多。赵概的故事生动地告诉我们，时时反省，就会不断进步。

博学加上内省，就会聪明智慧，臻于至善。新时代的领导干部要有“博学内省”的功夫。全球化、信息化和高科技正日益改变着我们的生活，领导者在生活和工作中面临的挑战越来越多，要想游刃有余地驾驭工作，就要做到博学多闻：一方面需要阅历和实践，经风雨见世面；另一方面则需要博览群书，涉猎各门学问。领导干部光博学还不够，还必须学会“参省”。古希腊哲学家苏格拉底曾说：“未经省察的人生没有价值。”清代廉吏于成龙为官时曾定下《示亲民官自省六戒》，提出勤抚恤、慎刑法、绝贿赂、杜私派、严征收、崇节俭六条戒律，早晚对照，自我反省。正是心有戒律、自我警示，于成龙为官两袖清风、深得民心，成为一代廉吏。对领导干部来讲，“参省”，就要始终牢记“我是谁”“为了谁”“依靠谁”，始终牢记“为人民服务”的公仆本色，如此则“知明而行无过矣”。

十室之邑，必有忠信如丘者焉，不如丘之好学也

典出《论语·公冶长篇》第五。子曰："十室之邑①，必有忠信如丘者焉，不如丘②之好学也。"

意思是说，孔子说："即便是只有十户人家的小村子，也一定会有像我这样讲忠信的人，只是不如我这样好学罢了。"

孔子这句话并不是自夸，因为孔子是一个谦虚的人，中庸也好，仁也好，都是孔子终其一生追求的境界，但他从未表示自己已经达到了。他说这句话意在强调"好学"的重要性。

在孔子看来，好学是人之为人的宝贵品质，一个人如果不好学，就会导致其他品质出现缺陷。《论语·阳货篇》中，孔子告诫子路不好学会导致六种弊端。子曰："由也！女闻六言六蔽矣乎？"对曰："未也。""居，吾语女。好仁不好学，其蔽也愚；好知不好学，其蔽也荡；

---

① 邑：百姓聚居的地方。

② 丘：指孔子。

好信不好学，其蔽也贼；好直不好学，其蔽也绞；好勇不好学，其蔽也乱；好刚不好学，其蔽也狂。”孔子认为，不好学导致的六种弊端分别是：喜好仁德而不好学，容易变得愚笨；喜好智慧而不好学，容易变得放荡；喜好诚信而不好学，容易受人利用而害了自己；喜好直率而不好学，容易变得尖酸刻薄；喜好勇敢而不好学，容易酿成叛乱；喜好刚猛而不好学，容易变得狂妄。只有好学的人才能真正拥有这六种品格，只有好学的人才能驾驭这六种品质。离开了好学，一个人的优点往往也是一个人的缺点，而且可能是致命的缺点。

孔子强调好学，一生好学上进，认为自己忠信的资质与常人一样，只是因为自己好学，所以能异于常人。古有遗风，今有典范。一次，夏衍说了外行话，被史学家吴晗痛损：“你还当文化部长呢，这一点都不懂!”夏衍包羞忍耻发奋用功，每天抽出 1 小时读《二十四史》和《资治通鉴》。夏衍还有一次讲了外行话，戏剧界权威马彦祥当面斥责他：“你老兄，对京剧完全是外行，不要乱讲好不好?”夏衍又苦读中国戏曲图书，并向老艺人请教。吾辈当以先人为榜样，谨遵“一物不知，儒者之耻”之精神，勤学好学，不耻下问。

业精于勤，荒于嬉

典出唐代韩愈的《进学解》。国子先生①晨入太学②，招诸生立馆下，诲之曰："业精于勤，荒于嬉；行成于思，毁于随③。方今圣贤相逢，治具④毕张⑤。拔去凶邪，登崇畯（jùn）⑥良。占小善者率以录，名一艺者无不庸⑦。爬罗剔抉⑧，刮垢磨光。盖有幸而获选，孰云多而不扬？诸生业患不能精，无患有司之不明；行患不能成，无患有司之不公。"

意思是说，国子先生早上走进太学，召集学生们站立在学舍下面，教导他们说："学业由于勤奋而专精，由于玩乐而荒废；德行由于独立思考而有所成就，由于

---

① 国子先生：韩愈自称。
② 太学：这里指国子监。
③ 随：随便。
④ 治具：治理的工具，主要指法令。
⑤ 张：指建立、确立。
⑥ 畯：通"俊"，才智出众。
⑦ 庸：通"用"，采用、录用。
⑧ 爬罗剔抉：意指仔细搜罗人才。

因循随俗而败坏。当今圣君与贤臣相遇，各种法律全部实施。除去凶恶奸邪之人，提拔优秀人才。具备一点优点的人全部被录取，拥有一种才艺的人没有不被任用的。选拔优秀人才，培养造就人才。只有才行不高的侥幸被选拔，绝无才行优秀者不蒙提举。诸位学生只需担心学业不能精进，不用担心主管部门官吏不够英明；只需担心德行不能有所成就，不用担心主管部门官吏不公正。”

韩愈的《进学解》，作于唐宪宗元和八年（813）。是年韩愈四十六岁，在长安任国子学博士，教授生徒。进学，意谓勉励生徒刻苦学习，求取进步。

“业精于勤”重在一个“勤”字。一勤天下无难事，古今中外，概莫能外。古代如“囊萤映雪”“牛角挂书”“头悬梁锥刺股”的勤奋故事俯拾皆是。鲁迅先生说：“哪里有天才？我是把别人喝咖啡的功夫都用在工作上的。”勤奋是成就事业的宝贵品质，也是党的好干部的标准之一。2013 年 6 月，在全国组织工作会议上，习近平总书记提出了好干部的五条标准：信念坚定、为民服务、勤政务实、敢于担当、清正廉洁。这为干部队伍建设提供了重要遵循。“县委书记的榜样”焦裕禄，拖着患有慢性肝病的身体，在一年多的时间里，跑遍了全县 120 多个大队，带领全县人民封沙、治水。风沙最大的时候，他带头去查风口、探流沙；大雨倾盆的时候，他带头蹚着齐腰深的洪水察看洪水流势；风雪铺天盖地的时候，他率领干部访贫问苦，登门为群众送救济粮款。焦裕禄用勤政树起了一座时代的丰碑。我们党的历史上，这样的好干部还有很多，他们用实干敬业，向我们诠释了什么是“业精于勤”。

“荒于嬉”，一个“嬉”字，使有志者变得萎靡消沉，使聪明者变得愚蠢、愚钝。想仲永年少，天赋异禀，只要用功勤奋，本可以拥有无限美好前程。奈何其父被眼前的利益所迷惑，带领他四处拜访同县的人，不让他学习，最终“泯然众人矣”。方仲永的故事让人扼腕叹息，也让我们看到了荒于嬉的结局。不勤奋努力，再好的天赋也白搭。再看后唐庄宗李存勖，勇武多谋，征战河北东西，平定中原南北，建后唐灭后梁。胜利后，他却沉溺于奢侈荒淫，致使将士百姓怨声载道，以致亡身。李存勖的故事同样值得我们引以为戒。有的领导干部特别是一些高级干部，年轻时勤于政事，功成名就后却放纵自己，最终葬送了大好前途，玷污了党的形象。因此，勤于政事，就要深刻牢记“业精于勤，荒于嬉”的古训，敬畏事业，敬畏人民，敬畏历史，真正做出经得起历史检验、人民检验的时代政绩。

玉不琢，不成器；人不学，不知道

典出《礼记·学记》。玉不琢①，不成器。人不学，不知道②。是故古之王者，建国君民③，教学为先。《兑（yuè）命》④曰："念终始典于学。"其此之谓乎！

意思是说，玉石不经雕琢，就不能变成好的器物；人不经过学习，就不会明白道理。因此，古代的君王建立国家，治理民众，都把教育当作首要的事情。《尚书·兑命》中说"始终要以设学施教为主"，谈的就是这个道理啊！

玉者，石中上品也，然而如果没有经过精心雕琢打磨，终究不过是石头罢了。人和玉石一样，只有经过反复磨炼，刻苦学习，才能成为专家、大家。东汉王充在《论衡·量知篇》中提到："骨曰切，象曰磋，玉曰琢，石曰磨，切磋琢磨，乃成宝器。人之学问知能成就，犹

---

① 琢：琢磨，打磨。
② 道：义理，道理。
③ 建国君民：建立国家，治理民众。
④ 《兑命》：《尚书》中的一篇。

骨象玉切磋琢磨也。”兽骨、象牙、宝玉、顽石都要经过反复打磨，才能成为精美的器物。人要想知“道”，“如切如磋，如琢如磨”。

如何知“道”？关键在于一个“学”字！“学”，《说文解字》中写作“斆”，许慎将其分析为“从教从冖”。“冖”即“幂”，是古代给鼎食遮灰的罩子，遮住了看不清，故引申出遮蔽、蒙昧之义——“冖，尚矇也”。从字义来看，“学”是通过教育来开启心灵的蒙昧，也就是一个“启蒙”的过程。从蒙昧走向觉悟，根本的途径就是一个“学”字，通过学习，掌握事物发展规律，通晓天下道理，丰富学识，增长见识。正如培根所言，“读史使人明智，读诗使人灵秀，数学使人周密，科学使人深刻，伦理学使人庄重，逻辑修辞之学使人善辩”。

对中国共产党人来说，知“道”的“道”，是马克思主义之真理，是科学社会主义的光明大道，是共产主义理想之“道”。要想知“道”，就要认真学习马列主义经典著作，认真学习“四史”，学习党的最新理论创新成果，学习中华优秀传统文化。只有经过学习，才能更加坚定马克思主义的理想信念，坚定中国特色社会主义信念。

学者有四失，教者必知之

典出《礼记·学记》。学者有四失①，教者必知之。人之学也，或②失则多③，或失则寡，或失则易，或失则止④。此四者，心之莫同也。知其心，然后能救⑤其失也。教也者，长善⑥而救其失者也。

意思是说，学习的人一般会有四种不足之处，当老师的必须知道。有的人是学得很多但不善于思考，有的人是学得过少，有的人是把学习看得太容易，有的人是遇到困难就停滞不前。这四种过失，心理因素各有不同。当老师的，要了解四种过失产生的心理原因，这样才能纠正学生的过失。教育的目的，就在于发扬他们的长处，纠正他们的过失。

做学问要谨防四种弊端：多，即贪多嚼不烂；寡，

---

① 失：过失，缺点。
② 或：有的人，有的。
③ 失则多：失之于学得过多。
④ 止：停止，遇到困难就停滞不前。
⑤ 救：纠正。
⑥ 善：长处。

即以偏概全；易，即避难趋易；止，即浅尝辄止。追根究底，也就是读书学习时，态度不端正，或心浮气躁，或把学问当作一种装点，或不能学思并重，凡此种种，皆为学之大忌。

古人“学者四失”的训诫对今人来说仍是很好的警醒，它提醒我们在为学或工作中，反躬自省，对照四种过失，找出差距和不足。是不是存在贪多求快的心态？是不是存在囫囵吞枣、不求甚解的心态？是不是存在浮光掠影、绕着困难走的心态？是不是存在浅尝辄止、一有困难就败下阵来的心态？问题找到后，就要努力戒除，在读书学习时深钻细研，学思用贯通；脚踏实地，坐得住冷板凳；知难而上，“明知山有虎，偏向虎山行”。只有如此，读书学习甚至工作，才能更上一层楼。

记问之学，不足以为人师

典出《礼记·学记》。记问之学，不足以为人师。必也其听语乎？力不能问，然后语之；语之而不知，虽舍之可也。良冶之子，必学为裘。良弓之子，必学为箕。始驾马者反之，车在马前。君子察于此三者，可以有志于学矣。

意思是说，自身学习没有独到之处，仅仅掌握背诵的知识是不足以做别人老师的。一定要让学习的人听从解说吗？他们对学习的内容感到疑惑，却无法表述出来，那就为他们做出解释。解释了但他们还不能明白的地方，就可以放在那里等到以后再解释。冶铁良匠的孩子，一定会学习做鼓风用的风裘。制弓良匠的孩子，一定会学习制作畚箕藤器。刚开始学习驾车的小马，一定会被系在车后，尾随着车辆前进。君子们但凡能够明察到这三件事的，一定是有学习志向的。

所谓“记问之学”，用今天的话来讲，就是读死书，死读书。有的人虽然读了很多书，但就是一个行走的书橱，只会教人死记硬背。作为老师，不单单要传授给学生知识，更要善于传授学习的方法，要授之以渔，而不单单是授之以鱼。

对党员干部来说，谨防记问之学，就要切忌教条主义、本本主义。什么是教条主义、本本主义？就是不去分析事物的变化、发展，不研究事物矛盾的特殊性，只会生搬硬套现成的原则、概念来处理问题。列宁说过："只有那些不可救药的书呆子，才会去单靠引证马克思关于另一时代的某一论述，来解决当前发生的独特而复杂的问题。"王明是莫斯科中山大学毕业的，对马克思主义著作能倒背如流，深受当时莫斯科中山大学校长米夫的器重。1937 年，王明从莫斯科乘坐苏联军用飞机，降落在延河边简易的延安机场。在当天的晚宴上，毛泽东致辞说：欢迎从昆仑山上下来的"神仙"。后来的事实证明，王明熟读马列经典，但显然并没有真正读进去，只是教条主义地对待马克思主义。所以毛主席指出，"马克思主义的'本本'是要学习的，但是必须同我国的实际情况相结合。我们需要'本本'，但是一定要纠正脱离实际情况的本本主义"。

有的同志，面对上级来文，不经思考、不转换语言、不明确对象，就直接转发至下一级部门；生搬硬套现成范文，不贴合实际、不做调研、不反复琢磨，写出来的材料空洞无物；直接套用公文格式，不创新写作框架、不磨炼语言标题，生硬追求词句对仗……这些人浮于事、走马观花的做法，也是本本主义、形式主义，既解决不了问题，更虚耗了精力，更不用提为人民服务的效果了。作为领导干部，谨防“记问之学”，就要破除本本主义的束缚，凡事多动脑子，多到基层调研，多拜人民为师，不照抄照搬，注重实践和创新。

知之者不如好之者，好之者不如乐之者

典出《论语·雍也篇》第六。子曰:“知之者不如好之者，好之者不如乐之者。”

意思是说，孔子说：“懂得学习的人，不如爱好学习的人，爱好学习的人，又不如以学习为乐的人。”

孔子这句话道出了学习的三重境界：知之、好之、乐之。

第一重境界“知之”。即对知识、学问是出于一种理性的知道、了解。如果停留在“知之”阶段，学习是一件苦差事。

第二重境界“好之”。这和“知之”相比前进了一步，学习知识变成一种兴趣和爱好。爱因斯坦说：“兴趣是最好的老师。”这时，学习是内在要求，不是“要我学”，而是“我要学”，达到这个境界的人是幸福的。

第三重境界“乐之”。这是做学问的最高境界，达到这个境界的人会废寝忘食，浑然忘我。如颜回“一箪食，一瓢饮，在陋巷，人不堪其忧，回也不改其

乐”。如陈望道潜心翻译《共产党宣言》，忘情之处，蘸着墨汁吃掉粽子却浑然不觉，还说“够甜，够甜的了”“真理的味道非常甜”。古往今来，凡大学问者，都是在知识的海洋中“沉醉不知归路”、乐此不疲的人。

孔子的为学三境界说和清代学者王国维“治学三境界”有异曲同工之妙。王国维在《人间词话》中描述，古今之成大事业、大学问者，必经过三种境界。“昨夜西风凋碧树。独上高楼，望尽天涯路。”此第一境也。“衣带渐宽终不悔，为伊消得人憔悴。”此第二境也。“众里寻他千百度，蓦然回首，那人却在灯火阑珊处。”此第三境也。做学问必须经历“独上高楼”的寂寞孤独、“为伊消得人憔悴”的勤奋执着，才能领略到“那人却在灯火阑珊处”的蓦然欣喜。愿我们在读书学习时，都能超越“知之”境界，奔向“好之”“乐之”的超然之境！

敏而好学，不耻下问

典出《论语·公冶长篇》第五。子贡问曰："孔文子①何以谓之'文'也？"子曰："敏②而好学，不耻下问③，是以谓之'文'也。"

意思是说，子贡问道："孔文子的谥号为什么是'文'呢？"孔子说："他勤勉好学，不以向不如他的人请教为耻，所以被谥为'文'。"

学无长幼，能者为师。三人行必有我师，不耻下问，是为学之道。韩愈在《师说》中提到："生于我之前的人，他闻道比我早，我拜他为师；比我岁数小的人，他知道的比我多，我也拜他为师，这才是拜师学艺之道啊。因此，拜师求学，岁数无大无小，地位无贵无贱，以学问为基准，虽苍发老者，稚子小儿，只要他有一技之长于我，便可为师。"这体现的是学者虚怀若

① 孔文子：卫国大夫，名圉，谥号文。
② 敏：勤勉。
③ 下问：问不如自己的人。

谷、不耻下问的风度。

领导干部是党和国家事业的中坚力量，但并非无所不能、无所不通，工作中遇到不懂的事情、难解的问题，不要端着架子，可以学一学孔圉。要礼贤下士，谦卑为怀，不耻下问，要善于向书本学习，向身边的同事请教，向实践学习，更要向人民群众学习。1941 年，毛泽东同志在《农村调查》中指出："没有满腔的热忱，没有眼睛向下的决心，没有求知的渴望，没有放下臭架子、甘当小学生的精神，是一定不能做，也一定做不好的。"群众生活、生产在基层一线，在日常实践中积累了大量的真知灼见，是当之无愧的老师。在人民面前，我们永远是小学生，要自觉拜人民为师，向能者求教，向智者问策，进而不断推动党和国家事业阔步发展。

参考文献

1. 周振甫. 周易译注［M］. 北京：中华书局，1991.

2. 方勇. 庄子［M］. 北京：中华书局，2010.

3. 陈鼓应. 老子今注今译［M］. 北京：商务印书馆，2003.

4. 汤化. 晏子春秋［M］. 北京：中华书局，2011.

5. 钱逊.《论语》读本［M］. 北京：中华书局，2007.

后　记

与《国学句典中的领导智慧》一书的相遇是缘分。

2016 年，编辑朋友策划了一套传统文化图书，把其中一个选题发给我，希望我编著一下。看到如此宏大的主题，我毫不犹豫地连连拒绝，我驾驭不了。这个事，就搁置下来。

接下来的几年，我照旧读书、工作。其间，我也会想起这个选题，也曾有动笔写写试试的想法，也真的开始写了几章，但翻看古文，查阅注释，消化吸收再转化，巨大的工作量让我产生了畏难情绪，又一次退避三舍。2019 年，我编著的传统文化图书《静心晓语：围炉夜话——参悟人生的221则哲思》出版。该书的出版为我赋能不少，我自觉功力长进，更重要的是重拾自信。我突然有了再次写写试试的想法。就这样，2019年底，我情绪高昂，思路如开闸的水汩汩流淌，书稿目录、经典句典、注释、译文等资料逐步梳理到位。一年下来，初稿有了模样。之前有出版图书的经历，我知道后面的工程依然浩大，索性不急了。

其间因为工作繁忙，也因为本书的体例没有创新，我找不到继续修改的动力，这一放就是两年。2022年春节，和一好友聊天，谈起该书，朋友说既然初稿都整理出来了，何不继续修改出版。想想也是。但是遵循什么样的体例？怎样才能让读者学有所思、学有所悟？这依然是个问题。于是，我整理了两个样章，找了几个在行的朋友给提建议。征询完意见后，我决定遵循新的体例，这意味着我必须推倒重来。好在还算是有这份勇气和毅力，重来就重来吧。于是，我有空就修修补补，虽然过程艰难，但最终该书得以面世。

写作该书的过程，是磨砺意志、修身养性的过程，写书不易，要放弃很多休息日，内心有过挣扎，但最终我与自己握手言和；写作该书的过程，也是沐浴传统文化智慧的过程，我从那些历经岁月洗礼的经典语句中受益颇多。这些文字，如若有读者喜欢，且能产生一份共鸣，是我的福气；如若由此激发读者弘扬中华优秀传统文化的热情，那更是意外之喜了。

写作该书，我还有一份小小的初心在里面。习近平总书记指出："优秀传统文化是一个国家、一个民族传承和发展的根本，如果丢掉了，就割断了精神命脉。"①中华优秀传统文化是我们的"根"和"魂"，作为一名党校教师，守护"根脉"，研究、传承、弘扬中华优秀传统文化是我义不容辞的责任。然而，中华优秀传统文化博大精深，浩瀚无边，需要阅读的经典著作浩如烟海。部分党员干部或时间精力有限，或不知从何入手，或受限于其他诸多因素，没有大块的时间去阅读、去吸收、去践行。我把自己从中受益的句典挑选出来，把自己的领悟精心打磨后分享出来，抛砖引玉，也不失为弘扬中华优秀传统文化尽了一点本分之责和绵薄之力。

最后，我要感谢东北大学马克思主义学院院长、博士生导师、国家"万人计划"哲学社会科学领军人才

① 《在创造性转化创新性发展中延续民族文化血脉》，载《习近平著作选读》第1卷，人民出版社，2023。

田鹏颖，山东大学政治与公共管理学院教授、博士生导师王成，邵鑫读书创始人邵鑫推荐该书；感谢中共高密市委党校党委书记、分管日常工作的副校长吕春芳，她谆谆教诲，鼓励我在传统文化领域深耕细耘，久久为功，并为本书的撰写提供了诸多建设性意见。感谢我的同事毛新玲为本书做出的贡献；感谢本书的责任编辑丁洪玉、陈玉凤，感谢我的朋友李大伟、宫正先、曾磊、高培旭、李猛、阿龙等。

此外，我还要感谢我的先生丁大勇，他和我一样喜欢中华优秀传统文化，并购买了大量经典图书，为我查阅资料、梳理书稿提供了诸多便利。感谢我的女儿丁宁，写作该书时，她正辛苦备战考研，我们互相鼓励，共同成长，朋友、家人的爱是我耕耘传统文化、不懈求索的精神动力。

是以为记。

2023 年 8 月 8 日